高职高专"十三五"规划教材·财会专业

U0731639

会计心理教育

主　编　杜　萍　　赵　燕

副主编　于志英　郑天恩

参　编　李　迪　柏　嫱

　　　　李　琼　袁　飞

南京大学出版社

图书在版编目(CIP)数据

会计心理教育 / 杜萍,赵燕主编. — 南京:南京
大学出版社,2017.4
高职高专"十三五"规划教材·财会专业
ISBN 978 - 7 - 305 - 18355 - 3

Ⅰ. ①会… Ⅱ. ①杜… ②赵… Ⅲ. ①会计人员—心
理健康—健康教育—高等职业教育—教材 Ⅳ. ①F233

中国版本图书馆 CIP 数据核字(2017)第 054250 号

出版发行 南京大学出版社
社 址 南京市汉口路 22 号 邮 编 210093
出 版 人 金鑫荣
丛 书 名 高职高专"十三五"规划教材·财会专业
书 名 会计心理教育
主 编 杜萍 赵燕
责任编辑 张亚勇 武坦 编辑热线 025 - 83597482
照 排 南京理工大学资产经营有限公司
印 刷 南京人民印刷厂
开 本 787×960 1/16 印张 13 字数 219 千
版 次 2017 年 4 月第 1 版 2017 年 4 月第 1 次印刷
ISBN 978 - 7 - 305 - 18355 - 3
定 价 30.00 元

网 址:http://www.njupco.com
官方微博:http://weibo.com/njupco
微信服务号:njuyuexue
销售咨询热线:(025)83594756

前　言

　　长期以来，人们关注的往往是会计的功能性和功利性，实际表现为会计资格证书、职称及待遇等方面，从而忽视了会计人员的心理教育。会计人员因为职业的特殊性，经常与财和人打交道，很多个体在社会活动中左右为难，心理压力过大导致一些会计人员不能坚持会计准则，缺少诚信，甚至弄虚作假，损公肥私。同时，由于会计信息失真，使经济决策失去可靠依据，势必会影响企业和国民经济的健康发展。基于以上原因，本书编写人员以相关论文、著作为基础，通过整合与拓展撰成此书。

　　本书从会计人员的职业特点及其特有的心理体验出发，从以人为本的角度关注会计人员在会计活动中产生的心理方面的问题。

　　本书由理论和实训两部分组成，共分为十二个项目，依次为会计自我意识篇、会计人格培养篇、会计情绪管理篇、会计人际管理篇、会计学习管理篇、会计社会心理篇、会计压力管理篇、会计创新思维篇、会计能力培养篇、会计品德塑造篇、会计就业心理篇、会计心灵成长篇。每个项目由心理学原理、案例和实训等部分组成，理论浅显易懂，案例贴近生活，实训简单易行。

　　本书力求为会计人员提供一套探索自我意识、挖掘个人潜力、树立职业道德、协调人际关系、调节心理压力的方法，帮助会计人员走出心理误区，积极面对学习和生活，实现个人价值。

　　由于时间仓促，本教材难免存在不当之处，敬请读者批评指正。

编　者

2017 年 4 月

目　录

项目一　会计自我意识篇

名人名言

> 认识了你自己，就能对自己做出恰如其分的评价，选择适合自己的位置；认识了你自己，就能发现自己的无知、幼稚和粗俗，追求高尚和智慧；认识了你自己，就能审时度势，不好高骛远、自不量力，也不自轻自贱、自暴自弃。
>
> ——苏格拉底

案例导入

小泽征尔是世界著名的交响乐指挥家。在一次世界优秀指挥家大赛的决赛中，他按照评委会给的乐谱指挥演奏，敏锐地发现了不和谐的声音。起初，他以为是乐队演奏出了错误，就停下来重新演奏，但还是不对。他觉得是乐谱的问题。这时，在场的作曲家和评委会的权威人士坚持说乐谱绝对没有问题，是他错了。面对一大批音乐大师和权威人士，他思考再三，最后斩钉截铁地大声说："不！一定是乐谱错了！"话音刚落，评委席上的评委们立即站起来，报以热烈的掌声，祝贺他大赛夺魁。原来，这是评委们精心设计的"圈套"，以此来检验指挥家在发现乐谱错误并遭到权威人士"否定"的情况下，能否坚持自己的正确主张。前两位参加决赛的指挥家虽然也发现了错误,但终因随声附和权威们的意见而被淘汰。小泽征尔却因充满自信而摘取了世界优秀指挥家大赛的桂冠。

所以,能够正确认识自己并信任自己,对一个人的成功是非常重要的。

理论模块

早在古希腊时期,"认识你自己"这句刻在神庙上的名言就激励着人们不断探索自我、实践自我、超越自我。德国著名作家约翰·保罗说:"一个人的真正伟大之处,就在于他能够认识自己。"由此可见,正确认识自己对一个人来讲是至关重要的。

一、自我意识的概念

自我意识,即自我,是指自己对所有属于自己身心状况的认识。自我意识包括对自己及其状态的认识,对自己肢体活动状态的认识,对自己思维、情感、意志等心理活动的认识三个层次。自我意识不仅是人脑对主体自身的意识与反映,而且人的发展离不开周围环境,特别是人与人之间关系的制约和影响,所以自我意识也反映人与周围现实之间的关系。自我意识是人类特有的反映形式,是人的心理区别于动物心理的一大特征。

二、自我意识对会计从业人员的作用

自我意识在个体发展中有十分重要的作用。首先,自我意识是认识外界客观事物的条件。一个人如果还不知道自己,也无法把自己与周围相区别时,就不可能认识外界客观事物。其次,自我意识是人的自觉性、自控力的前提,对自我教育有推动作用。人只有意识到自己是谁、应该做什么的时候,才会自觉自律地去行动。一个人一旦意识到自己的长处和不足,就有助于其发扬优点,克服缺点,取得自我教育的积极效果。再次,自我意识是改造自身主观因素的途径,它使人能不断地自我监督、自我修养、自我完善。可见,自我意识影响着人的道德

判断和个性的形成,尤其对个性倾向性的形成更为重要。

　　会计工作是企业经营管理的一个环节。日常工作中,会计不但要面对最原始、最枯燥、最能反映单位经营状况的会计信息,干着默默无闻的工作,而且还要与方方面面的人打交道,审验纷繁复杂的各类票据凭证,接受咨询,听取意见,做出处理。这使其身份具有多重性的特点,从而导致某心理现象十分复杂和丰富多彩。会计人员在财务活动中,通过对事物的感觉、知觉、记忆和思维从而实现对客观事物的了解、掌握的认识过程;会计人员对事物的看法总是采取一定的态度,有一定的主观体验,对某一事物有或喜欢或厌恶、或恐惧或愤怒、或愉快或忧伤等情感过程;会计人员在财会工作中,总要碰到一些不利的条件,如遇到许多客观或人为造成的障碍,或发生某些困难,但不肯屈服或违心服从,而是想方设法战胜困难,达到自己预定的目的的意志过程。会计在处理各种财务关系的过程中,不仅有各种各样的心理活动,同时还表现出各自不同的心理特征。会计个体心理特征也是千差万别的,如会计人员的认识能力,只有在会计实践中形成、提高。同时,也只有在认识某些事物的过程中,才能表现出认识能力的高与低。

　　财会工作的特点,决定了会计人员在心理品质上必须具有一定的标准和条件,因此,了解自己的心理特点并加以完善,从而提高工作水平和工作效率,这对于成为一名优秀的会计工作者而言是非常有效的方式。

三、会计人员自我意识完善的途径

　　自我意识是心理健康的重要指标,是人类自身内在的一种成功机制。没有健康的自我意识,就不会有健康的人格和心理,因此健全自我意识非常重要。

　　健全的自我意识,有以下几个方面的标准:

　　(1)自我意识健全的人,应该是一个有自知之明的人,既知道自己的优势,也知道自己的劣势,能正确评价自我并引导自我健康发展。

　　(2)自我意识健全的人,应该是自我认知、自我体验和自我控制相协调一致的人。

　　(3)自我意识健全的人,应该是积极自我肯定的、独立的,并与外界保持一致的人。

（4）自我意识健全的人,应该是理想自我与现实自我统一的人;有积极的目标意识和内省意识,积极进取、永无止境。

（一）正确认识自我

正确地认识自我是培养健全的自我意识的基础,人的自我认识可以分成两方面:一方面是自我定性,就是对自己的性格、特长、兴趣、爱好以及家庭对自己的影响、性格的弱点的认识。如果能够全面、正确地认识自我,客观、准确地评价自我,个人就能量力而行,确立合适的理想自我,并会为实现理想自我而不懈努力。另一方面就是自我反思,这是一个终身的过程。经常进行自我反思才是进步的前提,才不会自以为是。要学会用发展的眼光、辩证的方法看待自己和他人,这样才能充分发挥自己的聪明才智,实现自己的人生价值。会计更是充满挑战的职业,我国现在有1 200万人从事会计方面的工作,无论是就业还是升职都面临激烈的竞争。然而,虽然有如此众多的会计从业者,我国却十分匮乏具有国际水准和现代经营观念的高水平会计人员,也只有这些高素质的会计人员才能够脱颖而出,成为人们所羡慕的"金领"。而这些高素质的会计人员无不是能够正确认识自我,并在此基础上努力拼搏的人。

对自我的认知主要来源于他人的评价与自身实践两个方面。

1. 在他人的评价中确立肯定的自我认识

如果自己做某方面的事情总得到别人的肯定,这方面就比较优秀;如果周围的人总是不愿意和自己交往,这可能提示自己是否有不利于人际交往的个性特征,或者没有掌握人际交往的技巧,需要我们通过自身的努力加以改善。如果是某些生理方面或不可改变的不足或缺陷,那就作为自己独特的一部分积极接纳。当然,他人的评价也不一定公正客观,因此我们要用自己的慧眼,识别出那些对我们成长有益的评价。

2. 在他人评价的基础上学会自我观察

检查自己做过的一些事情是否公正合理,从而客观公正地看待自己。客观公正就是不凭空猜想,不绝对肯定、不固执、不自以为是,能做到这些,就能多角度看待问题,就能全面了解事物的本来面目。有一个方法是非常有效的,就是每天睡觉前回顾自己一天的经历,并回答几个问题:我今天都做了什么事情?我是怎么表现的?别人支持我的做法吗?⋯⋯经常坚持去做,就可以学会全面地观察自己。

3. 在实践活动中进行自我认知

投身到社会实践活动中,把自己当作活动的客体,就会不断地发现自我意识的不成熟,发现它的矛盾之处。从而正视这个现实,根据实践活动的需要,有目的地实行自我调控、自我教育,不断地调整和充实自我意识的内容,解决自我意识的矛盾,确立正确的自我评价,不断地引导自我意识向健康的方向发展。

4. 通过有效可信的心理测试来认识自己

利用心理测验、量表认识自己的智力状况,认识自己的性格与气质,认识自己的职业兴趣等等,这是不错的方式。需要注意的是,心理测验到目前还只是一个粗糙的工具,它从理论到方法都还存在许多问题。有的人认为心理测验可以解决一切问题,对其顶礼膜拜,奉若神明,把测验结果绝对化,这是错误的测验观。

(二)客观对待自我

1. 积极地接纳自我

接纳自我就是愉快、满意地接受自己,即悦纳自我。悦纳自我是发展健全的自我意识的核心和关键,也是适应社会的前提。悦纳自我不取决于个人财富的多少、地位的高低、生活条件的好坏,更多是取决于自己的心理状态。一个悦纳自己的人,才能为他人接纳。这样的人是以积极的态度来接受自己的一切,他们对生活乐观、豁达,能理智地看待自己的长处和短处,冷静地对待得失,不夸大也不贬低自我,能以发展的眼光来看待自己,不回避自身的现状,更不以哀怨、自责甚至厌恶来否定自己。这样才能培养自信、自立、自强、自主的心理品质和良好的自我意识,成为生活的强者。

积极地接纳自我应做到以下几个方面:

(1) 接受自己,喜欢自己,觉得自己独一无二,有价值感、自豪感、愉快感和满足感;

（2）性情开朗，对生活乐观，对未来充满憧憬；

（3）平静而又理智地看待自己的长处与短处，冷静地对待自己的得与失；

（4）树立远大的理想，并以此激励自己不断地克服消极情绪；

（5）既不以虚幻的自我补偿内心的空虚，也不以消极回避漠视自己的现实，更不以怨恨自责以至厌恶来否定自己。

2. 良好地控制自我

自我控制是健全自我意识、完善自我的根本途径，是主动定向地改造自我的过程，也是个体对待自己的态度具体化的过程。因此，在改变现实自我向理想自我实现的过程中，要面对现实，从实际出发，排除各种干扰，合理定位，同时在这一连续的自我监控、自我呈现、自我修正的自我调适系统运行过程中，努力培养自己良好的意志品质，从而做到自我的有效控制，最终实现理想自我。

（三）不断超越自我

马克思说过："人生有两大目标，一个是自我的完善，一个是创造人类的幸福。"这两大目标是统一的，前者属于自我追求自我价值，后者属于自我追求实现的社会价值。一个伟大的人，两种价值缺一不可。自我成就，自我完善，最好的方式就体现在为社会服务当中，一方面自我实现，另一方面也为社会做出贡献。会计职业正在由"劳动密集型"向"智力密集型"转化，需要会计人员不断进行学习。在传统的会计工作中，经验是至关重要的因素，会计技能也往往是通过"师父带徒弟"的方式进行传递。但在现代会计工作中，随着经济活动的复杂化，会计技术、会计规则的不断变化，需要会计人员不断更新自身的知识结构，不断学习新知识，不断自我超越。另一方面，现代社会对会计人员的个性和人格上也有更高的要求。因此，会计人员需要在认识自我、悦纳自我的基础上，自觉规划行为目标，主动调整自身行为，积极改造自己的个性，使个性全面发展以适应社会要求，这是个体自我同一的过程，也是在为他人和社会的服务中实现真正的自我价值的过程。这个过程是艰难而漫长的，需要个体究其一生去不断完善。

实训模块

【实训一】　我的 SWOT 分析

【实训目的】　增强对自我的认识,了解自己的差距。

【实训时间】　10 分钟左右。

【活动准备】　SWOT 分析表。

优势		劣势	
1		1	
2		2	
3		3	
威胁		机遇	
1		1	
2		2	
3		3	

【实训操作】　教师让学生把自己的优势、劣势、威胁及机遇填在 SWOT 分析表中,然后进入小组与小组的其他成员分享。

【分享及讨论】　当你为自己做了 SWOT 分析之后.是否对自己的认识更加深刻了? 小组的分享之后,学到了些什么?

学到了些：_____

_____

【实训二】 我的 T 恤衫

【实训目的】 促进学生探索自己，深化自我认识，促进自我觉察，了解和认识他人。

【实训时间】 30 分钟左右。

【活动准备】 每人 1 份作业纸（T 恤衫的正面和反面各一张），1 盒彩色水笔或油画棒。

【实训操作】 教师请学生想一想，如果让你为自己设计一件有特点的 T 恤衫，你会选择怎样的图案。学生试着为自己"量体裁衣"，定做一件。等学生画完，贴在墙上，让学生自由观摩。然后围在一起，请每个"设计师"讲自己的考虑，学生可以提出问题促进"设计师"进一步思考，如色彩、内容、构图等，想表达什么，想展现什么，前胸和后背是否一致。这会让"设计师"对自己有所领悟，增加自我了解。

【分享及讨论】 学生讨论后，学到了什么？

学到了些：_____

_____

【实训三】 我了解自己吗？

【实训目的】 自我探索，自我了解。

【实训时间】 30 分钟左右。

【活动准备】 8 个人一小组，每人准备纸和笔。

【实训操作】 每个人回答以下 10 个问题，要求学生认真思考后填写，然后组内分享交流。

1. 性别：_____

2. 年龄：_____

3. 最欣赏自己的 2～3 项：_____

   _____

4. 你生命中最重要的人物 2～3 人：_____

   _____

5. 你记得童年最开心的一个经验是什么？

   _____

   _____

6. 在你学习和工作中最有满足感的一个经验是什么？

   _____

   _____

7. 如果危机降临到你身上，你生命将至，只有 10 个小时，你最想做什么？

   _____

   _____

8. 现在是 50 年后，你从空中眺望此处，你的感受是什么？最想对谁说？

   _____

   _____

9. 100 年后，你希望别人怎样评价你，记得你？

   _____

   _____

10. 如果现在是一个礼物（存活于当下），你最想送给自己的一句话是什么？

    _____

    _____

【实训四】 小小动物园

【实训目的】 促进学生自我了解,并了解他人,学习接纳每个人的独特性。

【实训时间】 30 分钟左右。

【活动准备】 每人 1 支笔,1 张彩色卡片,6～8 人一组。

【实训操作】

教师将纸笔发给每一个学生,然后要求学生想一想,如果用一种动物代表自己,你会选择哪种动物,思考一会儿,在卡片上写上此种动物的名称。等所有学生写完后,同时出卡片,先请每个学生看一看在这个小小动物园里都有哪些动物,哪些与自己相似,哪些不同,你在这个动物园中的感受如何(可能有的动物会缺乏安全感,产生焦虑不安等情绪)。然后,每个学生轮流介绍自己为什么会选出这个动物代表自己。有些学生选择的动物是因为像自己的特质,如老黄牛勤勤恳恳;有些学生选择的动物是自己期望成为的,如像狮子一样强壮不受欺负。当学生介绍自己时,其他人可以有不同的回应,以促使当事人进一步思考。该活动可以带出学生个人的许多生活体验,教师可以视团体的状况决定是否深入探讨下去。

【实训五】 我的目标

【实训目的】 让学生澄清并明确自己近期的目标,懂得分清主次。

【实训时间】 30 分钟左右。

【活动准备】 每人一张 A4 纸、一支彩笔。

【实训操作】

请学生在纸上写出近期要完成的五件重要的事,可以是学习、交友、旅游、练字、读完某一本书或参加某方面的活动等。

假如你现在有特殊的事情,必须在五件事中抹掉两项,体验一下你现在的心情如何? 你会抹掉哪两项?

现在又有重要的事情发生,你必须再抹掉一项,你的心情又如何呢? 你会抹掉哪一项呢? 你又怎样做出的决定呢?

最后只剩下一件事了，这就是近期你最想做的，对你来说最重要的一件大事，这就是你当前的奋斗目标。

和大家谈一谈你的奋斗目标是什么呢？然后静坐在座位上，想下面三个问题：

1. 我是不是想要实现那个目标？我是不是一定要实现那个目标？

2. 我有没有实现这个目标的条件呢？我怎样发挥我的条件呢？

3. 实现目标的障碍难以克服吗？我要不要克服？

【实训六】 生命曲线

【实训目的】 协助学生回顾"过去的我"，总结"现在的我"，展望"未来的我"，对自己的人生做出评估。

【实训时间】 30分钟左右。

【活动准备】 每人一张A4纸、一支笔。

【实训操作】

指导语：

1. 在一张纸的中央画一个坐标，横坐标表示年龄，纵坐标表示生活的满意程度，如下图所示：

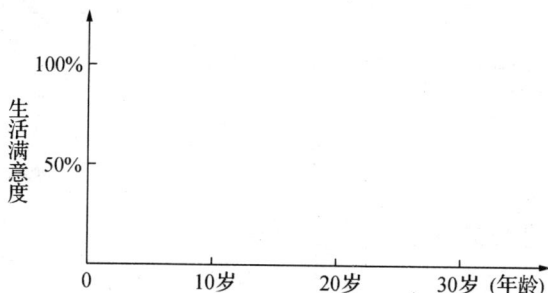

2. 闭目安静地思考一下，找出自己生活中的一些重要的转折点以及对当前的人生仍具影响力的重要经历，并评价一下自己对这些重要事件的感受。按照发生的时间和对此事件的满意度在坐标上用一个点表示，并简要地把事件标注在点的旁边。

3. 将不同的点连成线,边看着线边反省,对未来人生的趋向用虚线表示。

4. 在探讨的过程中,可参考以下的问题做出适当的思索,这会令练习达到更佳的效果:

你对过往的人生历程满意吗?

_____

_____

人活着,有什么意义?

_____

_____

你认为自己生命的质量如何? 有价值和意义吗?

_____

_____

请仔细地再看看这简单而很有意思的生命曲线,并留心内心的反应。

5. 团体分享。

_____

_____

思考题

1. 我是谁?

2. 我需要完善的部分有哪些?

书籍推荐

1.《寻找自我——心灵的一趟非凡冒险旅行》(作者:[美]艾伦·科恩),是带你深入了解你先天的智慧、实力和一切的旅程。这些真实的人生故事影射着至关重要的内容,就像脚踏石一样,给你以激励。仔细阅读本书,你一定会发现自身非凡的力量,这些力量会帮助你,完成自己所希望达成的一切目标。

2.《你不知道的自己》(作者:曾奇峰),身处不断变化的时代,社会发展的压力使人们越来越难以找到自我。焦虑、烦躁、愤怒、失落、紧张、恐惧等情绪在无形中蔓延,各种心理方面的问题日渐凸显,这已经成为困扰个人、家庭和社会的主要问题。本书是《心理治疗室的故事丛书》系列之一,是资深治疗师所写的手记、随笔、杂文和小说等。这些文章,就像他们做治疗一样,反映了他们的价值观、个性特点、处事风格等,旨在帮助读者摆脱心理问题,做一个身心健康的人。

3.《认识自己,接纳自己》(作者:[美]塞利格曼),每个人都是不完美的,但这并不影响人们与家人、朋友、同事的生活与沟通。我们很强大,可以扮演不同的角色,快乐的、悲伤的、愤怒的、贪婪的、自私的,所有的这些都是为了一点点的慰藉与满足。塞利格曼用他自己的幸福观让我们更真实地认识自己,从而更坦诚地接纳自己。

扫码,查看更多

项目二　会计人格培养篇

完美的人格,高尚的品德,是从实际生活中锻炼出来的。

——叔本华

案例导入

得意门生

一位老教授昔日培养的3个得意门生如今事业有成,一个在官场上春风得意,一个在商场上捷报频传,一个埋头做学问如今也苦尽甘来,成了学术明星。

于是有人问老教授:"您认为这三人中哪个会更有出息?"

老教授说:"现在还看不出来。人生的较量有3个层次,最低层次是技巧的较量,其次是智慧的较量,他们现在正处于这一层次,而最高层次的较量则是人格的较量。"

这个故事给我们什么启示呢?很显然,这个故事生动地在向我们说明,在人的素质结构中,人格几乎起着决定性的作用。

理论模块

大学生活中,难免有一些不顺心的事情让人感到苦恼、难过、悲伤,甚至是愤怒。面对不顺心的事,有人积极寻找解决办法,试图使事情圆满解决;有人习惯"把苦往肚子里咽";也有人逐渐在不顺心中消沉;有人在一时冲动下采取了偏激的方式,做出不可挽回的举动。

2004 年对于很多大学来说是不平静的一年:云南大学大四的学生马加爵残忍地捶杀了 4 位同学后逃亡。落网后的马加爵交代,杀人计划是在一次打牌引起的冲突之后形成的。2 月上旬的一天,马加爵和同学唐学李、邵瑞杰、杨开红等人一起打牌,邵怀疑马出牌作弊两人发生了争执。邵说:"没想到你连玩牌都玩假,你为人太差,怪不得龚博过生日都不请你。"谁也没想到,邵瑞杰的这句话会惹来杀身之祸。马加爵说:"吵完后我就想邵瑞杰、杨开红、龚博会在同学中说我不好,我就决定杀了他们。"于是,出现了这起举国震惊的"马加爵事件"。

一、人格的定义

人格一词是从英文"personality"翻译过来的。"personality"一词源于拉丁文的"persona",是面具的意思,原意是指希腊罗马时代戏剧演员在舞台上扮演角色时所戴的假面具,这种面具类似于中国的京剧脸谱,用来表现剧中人物的身份和性格。

把"面具"指定为"人格",实际上说明两层含义:其一,一个人在生活舞台上演的种种行为(外部特征);其二,一个人真实的自我(内部特征)。心理学沿用"人格"的原始含义,把一个人在人生舞台上扮演角色时表现出来的种种行为和心理活动都看作是人格的表现。人格是指一个人表现于外的给人以印象性的特点和生活中所扮演的角色以及与此角色相应的个人品质、声誉和尊严等。

二、人格的特征

人格是人的特点的一种组织,也是一种心理现象。人格是个体在行为上的内部倾向,它表现为个体适应环境时在能力、气质、性格、需要、动机、价值观和体质等方面的整合,是具有动力一致性和连续性的自我,是个体在社会化过程中形成的给人以特色的身心组织。这些稳定而异于他人的特质模式,给人行为以一定的倾向性,它表现了一个由表及里真实的个人。

三、职业人格的概念

所谓职业人格,是指个体通过教育和生活经验而形成,以适应一定职业活动要求为特征的一系列个性特征的总和。

职业人格是指人作为职业的权利和义务的主体所具备的基本人品和心理面貌。它是一定社会的政治制度、物质经济关系、道德文化、价值取向、精神修养、理想情操和行为方式的综合体。

职业人格是职业人在其职业劳动过程中形成的优良的情感意志、合理的智能结构、稳定的道德意识和个体内在的行为倾向性。它既是人的基本素质之一,又是人的职业素质的核心部分。

职业人格的基本内涵主要包括职业性格、职业兴趣、职业动机、职业态度、职业能力、职业道德等。它既是人的基本素质之一,又是人的职业素质的核心部分。健全的会计职业人格应包含以下几个方面。

(一)正确的会计职业观

职业观是人们对特定的社会活动的认识、态度、看法和观点,是一个人的世界观、人生观及价值观在职业生活中的反映。会计专业学生既然选择了财会这一专业,就要尽职尽责地做好本职工作,履行会计责任,形成优良的职业道德观念和良好的职业行为,最大限度地发挥好会计人员的主观能动作用。在市场经济条件下,会计人员处于多元利益主体的中心,肩负着客观公正处理各方利益的职责,需要按照会计职业道德的要求处理好各方面的利益关系。

（二）较强的会计应用能力

职业教育的目标在于培养实用型的技术人才,学生必须具备"必要的理论知识和较强的实践能力",会计专业学生要具备会计事务基本能力和专业技能的应用能力,能把所学专业知识应用到实际工作中,做到理论与实践的完美结合。能与时俱进,不断更新陈旧的会计知识,能熟练应用现代化的会计应用技术进行会计实际操作。能及时适应企业经济业务的变化,调整会计工作及相关的会计核算方法。不仅要有专业知识,更应该具备应用专业知识的能力,掌握会计职业所应具备的各项技能;不仅要有考场上回答试题的理论分析能力,还应该具备将理论运用于实践的能力;不仅要在毕业后具备从事专业工作的能力,而且还应该培养自己的创新能力以及协作能力、交际能力和管理能力。

（三）积极的会计创新意识

人类就是在不断地"首创前所未有的过程中前进的"。对会计专业学生来讲,他们在专业学习过程中独立提出新问题、新思路、新见解等都是一种"发现"、一种"创新"。因此,积极主动的创新意识、创新精神和创新能力是健全会计职业人格不可缺少的一部分。同时,创新是企业发展和生存的动力所在,任何一个企业没有创新,也就失去了生存的根基。企业之所以接受高职的毕业生,很明显就是要让其应用自己受过的专业教育、掌握的文化知识和专业知识。为企业理好财、管好财、聚好财,而要理好财、管好财、聚好财,会计专业学生必须具有创新意识和创新理念。

会计类专业务必重视加强学生以诚信为重点的会计职业道德教育。会计人员职业道德的基本规范有爱岗敬业、诚实守信、廉洁自律、客观公正、坚持准则、提高技能、参与管理、强化服务。其中,前四项属于会计职业人格教育的道德目标。

四、职业人格的形成

职业人格并不全是先天决定的,一个人具有什么样的职业人格,是由后天所处的环境、所受的教育以及所从事的实践活动的性质决定的。由于人们在社会生活中从事的职业不同,形成了每个人不同的职业人格。知识的学习、技能的掌握、社会态度的塑造和职业准备的完成,最终都表现为职业人格的形成。

职业人格的形成与发展是个体发展与外部客观环境相互作用的结果,讨论职业人格问题不能超乎个体职业的发展,更不能脱离个体生活的客观环境,也正是由于职业活动才使两者真正有机地结合起来。职业活动是成人,或者说是具有成熟人格的个体的主体活动,也正是由于职业活动才赋予了一个人的主要的和真实的生活意义及职业人格。

五、职业人格的类型

职业心理学家霍兰德认为人的职业人格可以分为六种类型,每种类型有与之相匹配的职业。如果个体选择的职业与人格类型匹配,就会感到能胜任工作而且心情愉快。如果不匹配就会感到不能胜任,自己也很痛苦。但现实生活中,个体选择的职业与人格类型的匹配与否,对个体工作的胜任及心情愉快与否并不完全一致。

(一)现实型(实际型)

他们动手能力较强,喜欢与机器、工具打交道,喜欢实际操作,做事喜欢遵循一定的规则。他们不善与人交际,对新鲜事物不太感兴趣,情感体验也不太丰富。

现实型的学生适合填报工程技术等理工科专业或医学专业。

(二)探索型(调研型)

他们对自然现象和自然规律很感兴趣,思维逻辑性较强,善于通过分析思考解决面临的难题,喜欢对疑问进行不断地挑战,不愿循规蹈矩,总是渴望创新。他们追求内在自我价值的实现,而非物质生活的质量。

探索型的学生适合填报各种理论性专业,将来适合从事研究工作或者做大学教师。

（三）进取型（企业型）

他们喜欢竞争和冒险，好支配他人，善辞令，好与人争辩，总试图让别人接受自己的观点。他们不愿从事精细工作，不喜欢需要长期复杂思维的工作。

进取型的学生适合填报各种管理类或市场营销类专业。

（四）常规型

他们喜欢有秩序、安稳的生活，做事有计划；乐于执行上级派下来的任务；讲求精确，不愿冒险；想象力和创造力较差。他们对花大量体力和脑力的活动不感兴趣。

常规型的学生适合填报财务、图书情报、统计等专业。

（五）社会型

他们善于与人交往，喜欢周围有别人存在，对别人的事很有兴趣，乐于帮助别人解决难题。他们喜欢与人而不是与事物打交道。

社会型的学生适合填报师范、医学、社会服务类专业。

（六）艺术型

他们有很强的自我表现欲，喜欢通过新颖的设计引起别人情感上的共鸣。他们的想象力很丰富，感情丰富，创造力很强，精细操作的能力较强。

艺术型的学生适合填报语言文学、广播影视、园林建筑、广告等专业。

实训模块

【实训一】 认识你自己

【实训目的】 通过活动，进一步清楚地认识自己。

【实训时间】 10分钟左右。

【活动准备】 彩笔、A4 白纸、彩色纸,计时器一只。

【活动要求】 学生分小组而坐,每人拿一张白纸并对折,左边列出自己的长处,右边列出自己的局限,尽可能列出所想到的。写完后想一想,当再一次清楚地看到自己的长处和局限时,将自己觉察到、感受到的内容与小组其他同学交流、分享。全班交流,分享整个活动过程中的不同感受。

【实训二】 人格自我测评表

【实训目的】 了解自我,更好地生活。

【实训时间】 5 分钟。

【实训准备】 彩笔、A4 白纸、彩色纸。

【活动要求】 根据自己的实际情况填写人格自我测试表,对每一个问题回答"是"或"否"。

A 型性格倾向测试表

问　题	是	否
1. 你说话时会刻意加重关键字的语气吗?		
2. 你吃饭和走路都很急促吗?		
3. 你认为孩子自幼就该养成与人竞争的习惯吗?		
4. 当别人慢条斯理地做事时,你会感到不耐烦吗?		
5. 当别人向你解说事情时,你会催他赶快说完吗?		
6. 在路上挤车或在餐馆排队时,你会感到着急或生气吗?		
7. 聆听别人谈话时,你会一直想你自己的问题吗?		
8. 你会一边吃饭一边写笔记,或一边开车一边刮胡子吗?		
9. 你会在休假之前先赶完预定的一切工作吗?		
10. 与别人闲谈时,你总是提到自己关心的事情吗?		
11. 让你停下工作休息一会儿时,你会觉得浪费了时间吗?		
12. 你是否觉得因全身心投入工作而无暇欣赏周围的美景?		
13. 你是否宁可务实而不愿从事创新或改革的事?		

续　表

问　题	是	否
14. 你是否尝试在时间限制内做出更多的事？		
15. 与别人有约时，你是否绝对遵守时间？		
16. 表达意见时，你是否紧握拳头以加强语气？		
17. 你是否有信心再提高你的工作效率和工作业绩？		
18. 你是否觉得有些事等着你立刻去完成？		
19. 你是否觉得对自己的工作效率一直不满意？		
20. 你是否觉得与人竞争非赢不可？		
21. 你是否经常打断别人的话？		
22. 看见别人迟到时，你是否会生气？		
23. 用餐时，你是否一吃完就立刻离席？		
24. 你是否经常有匆匆忙忙的感觉？		
25. 你是否对自己进来的表现不满意？		

A 型性格的人脾气比较火爆，有闯劲，遇事容易急躁，不善克制，喜欢竞争，好斗，爱显示自己才华，对人常存戒心等。A 型性格常处于中度的焦虑状态中。他们不断给自己施加时间压力，总为自己制定最后期限。

如果半数以上题目回答"是"，说明自己性格有"A 型性格"倾向，需要改变生活习惯，放慢生活节奏。

思考并讨论，如果自己身上已经带有以上某种有问题的性格倾向，该如何矫正？

【实训三】　气质类型测试

【实训目的】　确定气质类型。

【实训时间】　30 分钟。

通过下面 60 道题大致可确定你的气质类型。与你的情况"很符合"，记 2 分；"较符合"，记 1 分；"一般"，记 0 分；"较不符合"，记 -1 分；"很不符合"，记 -2 分。

1. 做事力求稳妥,一般不做无把握的事。 （　　）
2. 遇到可气的事就怒不可遏,想把心里话全说出来才痛快。 （　　）
3. 宁可一个人干事,不愿很多人在一起。 （　　）
4. 到一个新环境很快就能适应。 （　　）
5. 厌恶那些强烈的刺激,如尖叫、噪声、危险镜头等。 （　　）
6. 和别人争吵时,总是先发制人,喜欢挑衅别人。 （　　）
7. 喜欢安静的环境。 （　　）
8. 善于与人交往。 （　　）
9. 羡慕那种善于克制自己感情的人。 （　　）
10. 生活有规律,很少违反作息制度。 （　　）
11. 在大多数情况下情绪是乐观的。 （　　）
12. 碰到陌生人觉得很拘束。 （　　）
13. 遇到令人气愤的事,能很好地自我克制。 （　　）
14. 做事总是有旺盛的精力。 （　　）
15. 遇到问题总是举棋不定、优柔寡断。 （　　）
16. 在人群中从不觉得过分拘束。 （　　）
17. 情绪高昂时,觉得干什么都有趣;情绪低落时,又觉得什么都没有意思。

（　　）

18. 当注意力集中于一事物时,别的事很难使我分心。 （　　）
19. 理解问题总比别人快。 （　　）
20. 碰到危险情景,常有一种极度恐怖感。 （　　）
21. 对学习、工作,怀有很高的热情。 （　　）
22. 能够长时间做枯燥、单调的工作。 （　　）
23. 符合兴趣的事情,干起来劲头十足,否则就不想干。 （　　）
24. 一点小事就能引起情绪波动。 （　　）
25. 讨厌做那些需要耐心、细致的工作。 （　　）
26. 与人交往不卑不亢。 （　　）
27. 喜欢参加热烈的活动。 （　　）
28. 爱看感情细腻、描写人物内心活动的文艺作品。 （　　）

29. 工作学习时间长了,常感到厌倦。 （ ）

30. 不喜欢长时间谈论一个问题,愿意实际动手干。 （ ）

31. 宁愿侃侃而谈,不愿窃窃私语。 （ ）

32. 别人总是说我闷闷不乐。 （ ）

33. 理解问题常比别人慢些。 （ ）

34. 疲倦时只要短暂的休息就能精神抖擞,重新投入工作。 （ ）

35. 心里有话宁愿自己想,不愿说出来。 （ ）

36. 认准一个目标就希望尽快实现,不达目的誓不罢休。 （ ）

37. 学习、工作同样一段时间后,常比别人更疲倦。 （ ）

38. 做事有些莽撞,常常不考虑后果。 （ ）

39. 老师或他人讲授新知识、技术时,总希望他讲得慢些,多重复几遍。

（ ）

40. 能够很快地忘记那些不愉快的事情。 （ ）

41. 做作业或完成一件工作总比别人花的时间多。 （ ）

42. 喜欢运动量大的剧烈体育运动,或者参加各种文艺活动。 （ ）

43. 不能很快地把注意力从一件事转移到另一件事上去。 （ ）

44. 接受任务后,就希望把它迅速解决。 （ ）

45. 认为墨守成规比冒风险强些。 （ ）

46. 能够同时注意几件事情。 （ ）

47. 烦闷的时候,别人很难使自己高兴起来。 （ ）

48. 爱看情节起伏跌宕、激动人心的小说。 （ ）

49. 对工作抱认真严谨、始终一贯的态度。 （ ）

50. 和周围人的关系总是相处不好。 （ ）

51. 喜欢复习学过的知识,重复做能熟练做的工作。 （ ）

52. 希望做变化大、花样多的工作。 （ ）

53. 小时候会背的诗歌,我似乎比别人记得清楚。 （ ）

54. 别人说我"出语伤人",可我并不觉得这样。 （ ）

55. 在体育活动中,常因反应慢而落后。 （ ）

56. 反应敏捷,头脑机智。 （ ）

57. 喜欢有条理而不甚麻烦的工作。   （   ）

58. 兴奋的事常使自己失眠。   （   ）

59. 老师讲新概念，常常听不懂，但是弄懂了以后很难忘记。   （   ）

60. 假如工作枯燥无味，马上就会情绪低落。   （   ）

【结果分析】

胆汁质：2、6、9、14、17、21、27、31、36、38、42、48、50、54、58。

多血质：4、8、11、16、19、23、25、29、34、40、44、46、52、56、60。

黏液质：1、7、10、13、18、22、26、30、33、39、43、45、49、55、57。

抑郁质：3、5、12、15、20、24、28、32、35、37、41、47、51、53、59。

1. 如果某一项或两项的得分超过 20，则为典型的该气质。

2. 如果某一项或两项以上得分在 20 以下 10 以上，其他各项得分较低，则为该项一般气质。

3. 若各项得分在 10 以下，但某项或几项的得分较其余项高（相差 5 分以上），则为略倾向于该项气质（或几项的混合）。

4. 一般来说，正分值越高，表明该项气质特征越明显；反之，正分值越低或得负分值，表明越不具备该项气质特征。

胆汁质相当于神经活动强而不均衡型。这种气质的人兴奋性很高，脾气暴躁，性情直率，精力旺盛，能以很高的热情埋头事业。兴奋时，决心克服一切困难；精力耗尽时，情绪又一落千丈。

多血质相当于神经活动强而均衡的灵活型。这种气质的人热情，有能力，适应性强，喜欢交际，精神愉快，机智灵活，注意力易转移，情绪易改变冷淡，办事重兴趣，富于幻想，不愿做耐心细致的工作。

黏液质相当于神经活动强而均衡的安静型。这种气质的人平静，善于克制忍让，生活有规律，不为无关事情分心，埋头苦干，有耐久力，态度持重，不卑不亢，不爱空谈，严肃认真。但不够灵活，注意力不易转移，因循守旧，对事业缺乏热情。

抑郁质相当于神经活动弱型，兴奋和抑郁过程都弱。这种气质的人沉静，深含，易相处，人缘好，办事稳妥可靠，做事坚定，能克服困难；但比较敏感，易受挫折，孤僻，寡断，疲劳不容易恢复，反应缓慢，不图进取。

【实训四】　职业自信心测评

【实训目的】　测一测你的职业自信心。

【实训量表简介】

1.《自信心量表》由美国心理学家罗森伯格制订,它是世界上最常用的测量个人自信心的量表。

它共有 10 个测题,用以测量个人对自我感觉的好坏程度。

该量表具有简单易懂、操作方便、可信度高等特点。

2.《自信心量表》指示:以下是一组有关自我感觉的句子,请按你的情况作答。1,很不同意;2,不同意;3,同意;4,很同意。

【实训步骤】

1. 题目

(1) 我认为自己是个有价值的人,至少基本上是与别人相等的。　1　2　3　4

(2) 我觉得我有很多优点。　1　2　3　4

(3) 总括来说,我觉得我是一个失败者。　1　2　3　4

(4) 我做事的能力和大部分人一样好。　1　2　3　4

(5) 我觉得自己没有什么值得骄傲。　1　2　3　4

(6) 我对于自己是抱着肯定的态度。　1　2　3　4

(7) 总括而言,我对自己感到满意。　1　2　3　4

(8) 我希望我能够更多地尊重自己。　1　2　3　4

(9) 有时候我确实觉得自己很无用。　1　2　3　4

(10) 有时候我认为自己是一无是处。　1　2　3　4

2. 计分方法

在 10 个条目中,第 1、2、4、6、7 五个条目的算分是正向的,即:1＝1 分,2＝2 分,3＝3 分,4＝4 分;第 3、5、8、9、10 五个条目的算分是反向的,即:1＝4 分,2＝3 分,3＝2 分,4＝1 分。因此,其最低得分为 10 分,最高得分为 40 分。

3. 得分解释

1. 10～15 分:自卑者——你对自己缺乏信心,尤其是在陌生人和上级面前,你总是感到自己事事都不如别人,你时常感到自卑。你需要大大提高你的自信心。

2. 16~25分:自我感觉平常者——你对自己感觉既不是太好,也不是太不坏。你在某些场合下自我感到相当自信,但在其他场合却感到相当自卑,你需要稳定你的自信心。

3. 26~35分:自信者——你对自己感觉良好。在大多数场合下,你都对自我充满了信心,你不会因为在陌生人或上级面前感到紧张,也不会因为没有经验就不敢尝试。你需要在不同场合下调试你的自信心。

4. 36~40分:超级自信者——你对自己感觉太好了。在几乎所有场合下,你都对自我充满了信心,你甚至不知道什么叫自卑。你需要学会控制你的自信心,变得自谦一些。

思考题

1. 通过练习思考,你对自己的气质和性格有哪些新认识?
2. 培养和塑造会计专业大学生健康人格的方法和途径有哪些?
3. 人格的形成和发展包括哪几方面因素?

书籍推荐

1.《职业人格培养论》(作者:吴建斌),通过对"职业与职业化"、"人格与职业人格"、"兴趣与职业选择"、"性格与职业倾向"、"需要与职业规划"、"能力与职业成功"、"价值观与职业道德"等相关理论阐述,提出职业人格的培养的新思考、新观念、新路径,有利于培养职业人更好地在职业中成功与发展。将"人格理论"与"职业培养"相结合,提出职业人格的培养方法。

2.《历练完美人格》(作者:塞缪尔·斯迈尔斯),在这方面的兴趣一直被"历练完美人格"这一主题所吸引,作者习惯于从给那些年轻人的演讲体会中做些记录,有时在几个小时的课堂后做笔记,记下阅读、观察和生活经历的结果,因为他在构思与此相关的主题。在他早期的演讲中,最突出的例子之一便是对机械师——史蒂芬逊——的描述,此外,塞缪尔·斯迈尔斯拥有描述史蒂芬逊先生生活、事业的特殊便利条件和机会诱使他一如既往地工作,直到最后出版他的自传。现在这本书也是在相似的精神状态下写出来的,两本书的由来基本相同。然而前面所列的人格特征不必太过认真对待——只是些概括而非长篇累牍的描述,在大多情况下,只有一些显著特为人们所注意到;个人生活和国家常常把他们的关注和兴趣聚焦在事情的经过。现在塞缪尔·斯迈尔斯把这本书交给了读者,希望书中的勤奋、坚韧和自我修养精神对读者有所益裨和启发,并希望大家感兴趣。

扫码,查看更多

项目三　会计情绪管理篇

> 能控制好自己情绪的人，比能拿下一座城池的将军更伟大。
>
> ——拿破仑

案例导入

钉　子

有一个男孩脾气很坏，于是他的父亲就给了他一袋钉子，并且告诉他，当他想发脾气的时候，就钉一根钉子在后院的围篱上。第一天，这个男孩钉下了40根钉子。慢慢地，男孩可以控制他的情绪，不再乱发脾气，所以每天钉下的钉子也跟着减少了，他发现控制自己的脾气比钉下那些钉子来得容易一些。终于，父亲告诉他，现在开始每当他能控制自己的脾气的时候，就拔出一根钉子。一天天过去了，最后男孩告诉他的父亲，他终于把所有的钉子都拔出来了。

于是，父亲牵着他的手来到后院，告诉他说："孩子，你做得很好。但看看那些围墙上的坑坑洞洞，这些围篱将永远不能回复从前的样子了，当你生气时所说的话就像这些钉子一样，会留下很难弥补的疤痕，有些是难以磨灭的！"从此，男孩终于懂得管理情绪的重要性了。

人与人之间常常因为一些彼此无法释怀的坚持,而造成永远的伤害。如果我们都能从自己做起,开始宽容地看待他人,相信你一定能收到许多意想不到的结果。

理论模块

一、情绪的含义

情绪是指人们对环境中的某种客观事物和对象所持态度的身心体验,它是最基本的感情现象。情绪是一种对人生成功具有显著影响的非智力因素,有正面情绪和负面情绪之分。正面情绪是爱与温情、感恩、好奇心、振奋、热情、毅力、信心、快乐、活力、奉献、服务等;负面情绪是嫉妒、愤怒、抑郁、紧张、狂躁、怀疑、自卑、内疚等。正面情绪对人生的成功发挥着积极作用,负面情绪对人生的成功起消极作用。

顾某,大二学生,学习成绩一直不错,喜爱运动,但其有脚臭的毛病。由于上学期没有考好,挂了一科,假期经常被母亲训斥,开学以来情绪一直不好。近几日又因挂科一事无法参加奖学金评选,更加郁闷,整日郁郁寡欢。某日在寝室就餐时不小心弄脏了邻床被单,邻床同学回寝后,发了几句牢骚,又顺便说起顾某脚臭一事,这引起顾某强烈不满。顾某心中积怨全部发泄在邻床同学身上,激怒之下拿起桌上水果刀刺向同学,致其重伤。

二、情绪的分类

人的情绪复杂多样,很难有准确的分类。中国古代就有"五情"说、"七情"说、"九情"说等多种情绪分类法。

有学者按照情绪的发展将其分为原始情绪、基本情绪和复合情绪。一般认为,愉快、愤怒、恐惧和悲哀是最基本的原始情绪。

也有学者对情绪发展的研究按面部表情区分出十种基本情绪,它们是兴奋、愉快、痛苦、惊奇、厌恶、惧怕、悲哀、害羞、自罪感。

较权威的是前苏联一些心理学家将情绪状态划分为心境、激情与应激三种形态。

（一）心境

心境是指一种持久而微弱的情绪状态，具有渲染性和弥散性的特点，如舒畅、忧郁、沉闷、松弛等。心境往往不具有特定的环境对象，但可以形成人的心理状态的一般背景，来影响人的情绪体验。当一个人心情舒畅时，看什么都会乐观积极；而一个人心境低落时，会对许多事物都没有兴趣，甚至看不到色彩和希望。生活中，一个人无论什么时候都会处在一定心境之中，心境有愉快、不愉快之分，而其对生活的感受往往受心境左右。

（二）激情

激情是指一种强烈、短暂、爆发式的情绪状态，表现为暴怒、狂喜、绝望等，通常由突然发生的对人具有重要意义的事件引起，如许多大学生会因一场足球赛而欣喜若狂或垂头丧气。激情的特点是强烈的冲动性和爆发性。激情也可表现为积极的或消极的。积极的激情能增强人的敢为性的魄力，激励人们克服困难，攻克难关；消极的激情则会导致理智的暂时丧失，情绪和行为的失控。生活中的激情犯罪多是由消极激情引起的。

（二）应激

应激是指由于出乎意料的紧张或危险情境所引起的情绪状态，即当人处于巨大压力或威胁的情境下，而又要迅速做出重要决定时，所产生的一种特殊的情绪状态。在应激状态下，人身体处于充分的调动状态，心律、血压、呼吸和肌肉紧张度等会发生显著变化，从而增加身体的应变能力。应激往往有两种极端的表现：一种是惊慌失措、目瞪口呆；另一种是急中生智、力量剧增。在应激状态下，人们往往能做出平时难以做到的事，使人尽快转危为安。但是，应激也有很大的消极作用，有些人在应激状态下会出现知觉狭窄，行为刻板，注意力被局限等现象。过于强烈的应激情绪会导致心理创伤，可能会导致人的临时性休克，甚至死亡。一个人长期或频繁地处于应激状态中，会导致身心疾病。

作为会计专业的大学生,个体在财会工作中表现出来的内心体验,直接或间接地反映了个体内心世界对客观现实的态度。当客观现实符合个体的需要时,就会产生满意、愉快、乐观等积极情绪,反之就会产生忧郁、丧气、恐惧等消极情绪。造成财会人员不良情绪的诱因有多种:① 会计法制刚性不足;② 领导素质水平;③ 群众压力;④ 会计人员使用不当;⑤ 职业自卑心理;⑥ 过度敏感。提高心理承受能力,遇事冷静客观,头脑清醒,不良情绪是能够得到控制和消除的。保持良好情绪的途径是提高自身修养水平,学会自我解脱。

三、情绪的内容测量

(一)情绪的自知力

情绪的自知力是指个体自我了解、自我意识、自我观念的感觉程度,其中自我意识是情绪自知力的核心。

(二)情绪的自制力

情绪的自制力通常是指个体适当控制自己的情绪,避免任何过度的情绪反应。自制往往与谨慎、均衡而智慧的生活和工作态度联系在一起。

(三)情绪的乐观性

一个人乐观程度往往在他的成功道路上扮演重要的角色,乐观是动力,是面临困境不沮丧的一种心态。

(四)情绪的判断力

情绪判断力是一个人认识他人、理解他人、宽容他人的前提和基础。

四、大学生情绪反应的特征

(一)稳定性与波动性

大学生普遍具有较高的智力水平和知识素养,对社会的了解也渐趋深入,加上社会和自我的高要求、高期望,因而在日常生活中,对自己的情绪有了一定的调控能力,情绪渐趋于稳定。但同成年人相比,大学生的情绪起伏较大,时而激动时而平静,时而积极时而消极,带有明显的波动性,这与他们生理、心理发展特点相关。大学生处于青年早期,内分泌机能迅速发展,性成熟和性激素分泌旺盛,大脑皮层及皮下中枢出现暂时的不平衡,而他们的心理发展正处于由不成熟向成熟过渡的时期,出现各种内心矛盾冲突,加之其知识、智能与人生经验的不平衡,导致他们思维敏锐但看问题偏激等等,由此种种造成了他们情绪的多变和动荡。

(二)外显性与内隐性

大学生乐观、活跃,对外界刺激反应迅速、敏感,喜怒哀乐常形之于色,与成年人相比显得直接和外露。随着智能素质的提高,内涵更丰富,在情绪反应方式上较隐晦,情绪表达更具情境性,他们已具备在一定情景下压抑控制自己愤怒悲伤的情绪,将真实情绪掩藏的能力,形成外在表现和内心体验的不一致,有时还会采用文饰、反向的办法来掩饰内心情感。

(三)冲动性和理智性

冲动性一般表现为情绪的失控,语言极富攻击性,有一系列情绪性行为反应。大学生正处在青年期,精力充沛、血气方刚,在遇到外界的强烈刺激或突发事件时很容易感情冲动,或表现为对外部环境(社会、学校、家庭、他人)的不满,并用语言、文字和行为进行攻击;或表现为对某一方(社会、学校、家庭、他人、自身)的不满。但大学生是社会群体中独特的文化群体,随着知识的增长,他们的观察力、判断力不断增强,理智和自控能力逐渐提高,多数情况下,在感情冲动过后能理性地思考问题,对自己的情绪和行为进行自我约束和调控。

五、大学生情绪控制与调节的方法

有必要指出,凡是有利于身心健康的生活方法,都对调控人类情绪有利,因此,调控情绪的具体方法非常多。下面所列的方法主要用于情绪障碍调控,也适用于其他心理问题。

（一）情绪疏泄法

激烈紧张的情绪活动一般有以下五条出路：

一是忍气吞声，强压怒火。心理学研究表明，许多身心疾病，如胃溃疡、高血压、癌症，都与情绪压抑有关。

二是投向自我，情绪激动又不便发作时，打自己耳光、摔东西，甚至去上吊、自杀。

三是转化为无意识冲突，成为神经症的根源。

四是报复性发泄，伤害他人或财物，容易造成不可挽回的损失。

五是正常的发泄，不掩饰自己的不满或气愤情绪，直接表达出来。

情绪疏泄法是指在人处于较激烈的情绪状态时，允许其直接或者间接表达其情绪体验与反应。简单而言，即高兴就笑，伤心就哭。"男儿有泪不轻弹"不符合情绪调控的疏泄方法，是不值得提倡的。坦率地表达内心强烈的情绪，如愤怒、苦闷、抑郁情绪，心情会舒畅些，压力会小些，与情绪体验同步产生的生理改变将较快地恢复正常。所以为了心理健康，该笑就笑，该哭就哭。

情绪疏泄法可以分为直接疏泄法与间接疏泄法。直接疏泄法是在刺激引发情绪反应之后，即时表达自己的内心感受，如遭遇不公平对待，可以马上提出来；被人伤害后，直接告诉对方自己很生气，要求赔礼道歉。间接疏泄法是在脱离引发强烈情绪的情境之后，向与情境无关的人表达当时的内心感受，发泄自己的愤怒、悲痛等体验。例如，在受到欺侮后，向家人或能够主持公道的人倾诉，以平息激烈的情绪活动。

情绪疏泄方法也有"度"的问题，不能把合理的情绪疏泄理解为激烈的情绪发泄。情绪发泄是指在激情状态下，由于自我控制能力不强，以暴力或其他不恰当的方式发泄情绪，其后果往往很严重，不利于问题的解决，反而会引发新的问题。例如，大学生之间发生矛盾，可能会出手打架伤人，即时的痛快招来后续的痛悔。所以情绪疏泄原则和方法都强调其合理性，而不是一味地发泄情绪。大学生应该学会克制、宽容、忍让，情绪的发泄不得损害其他人的利益。

心理实验

致命杀手"生气水"

美国一些心理学家做了一项实验,他们把正在生气的人的血液中所含物质注射到小老鼠身上,并观察其反应。初期,这些小老鼠表现呆滞,整天不思饮食。几天后,它们就默默地死掉了。

美国生理学家爱尔玛为了研究情绪状态对健康的影响,设计了一个很简单的实验:他把一支支玻璃管插在正好是 0 ℃的冰水混合物容器里,然后分别注入人们在不同情况下的"生气水",即用人们在悲痛、悔恨、生气时呼出的水汽和他们在心平气和时呼出的水汽做对比实验。结果表明,当一个人心平气和时呼出的水汽冷凝成水后,水是澄清透明、无杂质的;悲痛时呼出的水汽冷凝后则有白色沉淀;悔恨时呼出的水汽沉淀物为乳白色;而生气时呼出的"生气水"沉淀物为紫色。他把"生气水"注射到大白鼠身上,几十分钟后,大白鼠就死了。由此可见,生气对健康的危害非同一般。

有分析表明:人生气10分钟会耗费大量精力,其程度不亚于参加一次3000米的赛跑;而且生气时的生理反应也十分剧烈,分泌物比其他任何情绪状态下的分泌物都复杂,且更具毒性。因此,动辄生气的人很难健康长寿。

生气发怒引起的后果有以下几个方面:

(1)伤心损肺。气愤必然引起心跳加快,心律失常,使心脏受到邪气的侵袭,诱发心慌心痛,呼吸急促,引发气逆胸闷、肺胀、咳嗽及哮喘。

(2)伤脾伤肝。生气时除了伤脾脏外,还会导致尿道受阻或失禁,并使肝胆不和、肝部疼痛。

(3)伤脑失神。人在发怒时心理状况失衡,情绪高度紧张,神志恍惚。在这样恶劣的心理状态和强烈的不良情绪下,大脑中的"脑岛皮质"受到刺激,时间久了就会改变大脑的正常运作。

可见,生气发怒可使呼吸系统、循环系统、消化系统、内分泌系统和神经系统失调,并带来极大的损伤。生气还会引起皮肤憔悴、双目红肿、皱纹增多、妇女月经不调,甚至影响生育。生气的妇女在哺乳期不仅奶水减少,而且在生气后给婴儿喂奶,婴儿有可能中毒,轻者长疮,重者生病。老年人在发怒时由于内耳小血管、微血管痉挛性收缩,血液供量不足,会形成血管栓塞,导致突发性耳聋。精神刺激是引发癌症的活化剂。德国医学博士认为,相当一部分癌症是由病人激烈的内心冲击引起的。患有心脑血管疾病的人在生气时还容易诱发心肌梗死和脑血栓。

为了自身健康,尽量不要生气。实在是生气,也要学会克制、幽默、宽容等消气艺术来减轻或消除心理压力。

(二)认知调控法

一般来说,人的心理有两个层面,一个是情感层面,另一个是认知层面。情绪疏泄法是通过心理宣泄解决情感层面的问题,情感层面的问题解决了,人的理智就会逐渐恢复。但是,有时人的认知层面的问题不解决,情感层面问题的解决也是暂时的,以后遇到问题仍会再次受挫。因此,解决认知层次的问题对于摆脱情绪困扰是非常必要的。运用认知调控法,可以从以下几个方面入手。

1. 不要期望值过高,过分苛求自己

俗话说"希望越大,失望也就越大"。在现实生活中,不少人的挫折感源于对自己的期望值过高,苛求自己。因此,我们要学会以平和的心态待人处事,学会给自己留下一定的空间,把目标锁定在能力所及的范围之内。而不是好高骛远,四处出击,要求自己事事都超过别人。同时,对任何人、任何事都不必期望值过高,这样,当事物发展没有朝着你预期的方向进展时,你就不会产生强烈的挫败感。

2. 学会妥协和放弃

人的一生会有许多愿望和追求,但由于主客观条件的限制,不可能一一得到实现。这样,就需要我们学会放弃和妥协。否则,我们就会被这些欲望和目标所累,而失去了人生的洒脱和生活的乐趣。就像一个登山者,一心想登上顶峰而急于赶路,结果忘了欣赏沿途的风景。那么,登山的乐趣也就无从体现。即使站在山顶,想想自己的付出与所得,也会有不平衡的感觉。

3. 学会自我安慰

自我安慰也称合理化,是指个体遭受挫折后,为了维护自尊,减少焦虑,就找出种种理由为自己辩解,增加自己行为的合理性和可接受性,以起到减轻心理压力,获得自我安慰。

合理化的辩解有助于精神安慰。在社会生活中,人们的需要不可能全部获得满足,进行自我安慰可以使人的内心达到平衡。因此,在某种情况下,它不失为一种自我防卫心理的方法。

此外,还可以与境况不如自己的人比较,通过比较产生"比上不足,比下有余"的心理。俗话说"人比人,气死人"。人们的许多不平衡源于人与人之间的比较。因此,我们要想减少不平衡的心理,就要学会和境遇不如自己的人比较,不要总是和比自己强的人比较,那样会加重心理不平衡。

心灵鸡汤

装笑也管用

美国一广告公司的部门经理弗雷德,工作一向很出色。有一天,他感到心情很差。但由于这天他要在开会时和客户见面谈话,所以不能有情绪低落、萎靡不振的神情表现。于是,他在会议上笑容可掬、谈笑风生,装成心情愉快而又和蔼可亲的样子。令人惊奇的是,他的这种心情"装扮"却带来了意想不到的结果——随后不久,他就发现自己不再抑郁不振了。

美国心理学家霍特指出,弗雷德在无意中采用了心理学的一项重要规律:装着有某种心情,模仿着某种心情,往往能帮助个体真的获得这种心情。

有些人通常在情绪低落的时候避不见人,直到这种心情消散为止。这么做果真是好办法吗?

多年来,心理学家都认为,除非人们能改变自己的情绪,否则通常不会改变行为。当然,情绪、行为的改变也不是说变就变、想变就变的"瞬间"现象,而是有一个心理变化的内在过程。心理学家艾克曼的最新实验表明,一个人老是想象自己进入了某种情境,并感受某种情绪时,结果这种情绪十之八九果真会到来。需要注意的是：随着年龄、性别、职业、性格等因素的不同，情绪变化的程度和时间也不一样。情绪有了变化之后，伴随每一种情绪的外在表现，生理反应也会出现变化。华东师范大学心理学系孔教授研究后认为，一个故意装作愤怒的实验者，由于"角色"行为的潜移默化影响，他真的也会愤怒起来，表现在待人接物、言谈举止等方面；同时，他的心率和体温（心率和体温都是愤怒的生理反应指标）也会上升。为了调控好情绪，不妨偶尔对自己的心情进行一番"乔装打扮"。

（三）运用合理情绪理论自我调节情绪

理性情绪理论又称为 ABC 理论，是由美国临床心理学家埃利斯提出的。他认为："人不是为事情困扰着，而是被对这件事的看法困扰着。"所谓 ABC，A 指事件（Accident）；B 指信念（Beliefs），也称为非理性信念，是指个体在遇到诱发事件之后，对该事件的想法、解释和评价；C 是指这件事发生后，人的情绪和行为结果（Consequence）。通常人们会认为，人的情绪是直接由诱发性事件 A 引起，即 A→C。ABC 理论则指出，诱发性事件 A 只是引起情绪的间接原因，而人们对诱发性事件所持的信念、看法和解释才是引起情绪更为直接的原因，即 A→B→C。

（四）活动转移法

活动转移法是指在处于情绪困境时，暂时将问题放下，从事所喜爱的活动以转变情绪体验的性质，达到调控情绪的目的。事实证明，音乐是调控情绪的最佳方式之一。欢快有力的节奏使情绪消沉者振奋，轻松优美的旋律让紧张不安者松弛，大学生可以学习乐器和音乐创作，把内心的体验转化成心灵的曲调，并从中体验成功。

体育活动也是转移调控情绪的良好方法。当情绪状态不佳时，游山玩水、打球、下棋都是极好的情绪调控手段。体育活动既可以松弛紧张情绪，又可以消耗体力，使消沉者活跃，激愤者平静，达到平衡情绪的目的。

（五）寻求社会支持法

当大学生陷入较严重的情绪障碍时，有必要向社会支持系统寻求支持。

每个大学生都应该建立自己的社会支持系统,有能够在心理方面给予自己支持、帮助的社会网络,如亲人、朋友,或者是专业的社会工作者、心理医生。社会支持系统的存在有多方面的意义:一是倾诉的对象,苦恼的人将苦恼向他人倾诉之后,会有轻松解脱的感觉,大学生应该经常利用这种情绪调控手段;二是提供新的看问题的视角和思路,帮助当事人走出个人习惯的思维模式,重新评价困境,寻找新的出路;三是社会工作者和心理医生可以提供专业意见、建议,运用心理学手段和方法帮助大学生更有效地解除情绪障碍。

(六)身体放松调节法

身体放松调节法又称为松弛反应训练,是一种通过肌体的主动放松来增强人对自我情绪控制能力的有效方法。它的基本原理是通过训练放松所产生的躯体反应,如减轻肌肉紧张、减慢呼吸节律、使心律减慢等,以达到缓解焦虑情绪的目的。

六、关注会计情绪的意义

会计情绪是十分常见的心理现象。在财会实际工作中,许多矛盾所产生的心理问题,往往是通过会计情绪反映出来的。

美国心理学家威廉·詹姆士自1884年提出情绪理论一百多年以来,许多心理学家对情绪一词做过多种解释。作为会计人员,对情绪的切身体验却又是不言而喻的。简而言之,会计情绪是会计个体具有的一种心理形式,是对现实体验的潜意识态度所表现的一种行为,它直接或间接地反映了个体内心世界对客观现实的态度。

第一,由于会计情绪理论是情绪心理学理论的一个重要组成部分,因此,加强会计情绪理论研究,有利于走出会计心理误区,有利于会计工作人员更好的工作。

第二,是提高会计人员情绪修养水平,做好财会工作的需要。提高会计人员情绪修养水平,不仅是思想观念问题,而且还是工作方法和工作艺术问题,从某种意义上来讲,情绪与财会工作质量有着极为密切的关系。当个体处于良好情绪状态时,其心理是健康、快乐的,与外界关系容易协调,思想容易沟通;反之,当个体处于不良情绪的重负时,伴随出现的心理状态是不安、悔恨、愤怒、痛苦、失落的,对生理和心理健康都会带来不利影响。同时,在不良情绪作用下所表现的言行,很有可能为工作设置障碍,使效率和质量大大降低。因此,努力培养良好的、积极向上的情绪,控制和消除不良情绪是十分必要的。

第三,是协调人际关系,增强会计人员适应能力的需要。情绪既能使会计个体产生积极的行为,也能产生消极的行为。积极情绪能协调社会交往,密切人际关系,能给人带来愉悦、亲切等感受,是人际交往的促进剂。

实训模块

【实训一】　情绪晴雨表

【实训目的】　你最近的情绪怎么样。

【实训时间】　15 分钟左右。

【活动准备】　答题材料一人一份,计时器一只。

【活动程序】

1. 分发材料,提示同学注意阅读指导语。

2. 教师提示本次活动需要计时,活动计时开始。

3. 活动体验分享。

【活动材料】

以下这个测验可以帮助你更好地了解自己最近的情绪状态。该测验一共有30道题,请结合最近两周的感受,根据第一反应选择与自己生活实际最为接近的一项。每道题思考时间不宜过长,答案没有好坏之分。

1. 看到自己最近一次拍摄的照片,你有何想法?

　　a. 觉得不称心　　　　b. 觉得很好　　　　　c. 觉得可以

2. 你是否想到若干年后会有什么使自己极为不安的事?

　　a. 经常想到　　　　　b. 从来没想到　　　　c. 偶尔想到

3. 你是否被朋友、同事、同学起过绰号或挖苦过?

　　a. 这是常有的事　　　b. 从来没有　　　　　c. 偶尔有过

4. 你上床以后,是否经常再起来一次,看看门窗是否关好?

    a. 经常如此   b. 从不如此   c. 偶尔如此

5. 你对与你关系最密切的人是否满意?

    a. 不满意   b. 非常满意   c. 基本满意

6. 你在半夜的时候,是否经常觉得有什么值得害怕的事?

    a. 经常   b. 从来没有   c. 极少有这种情况

7. 你是否经常因梦见什么可怕的事而惊慌?

    a. 经常   b. 从没有   c. 极少

8. 你是否曾经有多次做同一个梦的情况?

    a. 有   b. 没有   c. 记不清

9. 有没有一种食物使你吃后呕吐?

    a. 有   b. 没有   c. 记不清

10. 除去看见的世界外,你心里有没有另外一种世界?

    a. 有   b. 没有   c. 说不清

11. 你心里是否时常觉得你不是现在的父母所生?

    a. 时常   b. 没有   c. 偶尔有

12. 你是否曾经觉得有一个人爱你或尊重你?

    a. 是   b. 否   c. 说不清

13. 你是否常常觉得你的家庭对你不好,但是你又确知他们的确对你好?

    a. 是   b. 否   c. 偶尔

14. 你是否觉得没有人十分了解你?

    a. 是   b. 否   c. 说不清楚

15. 每到秋天,你经常出现的感觉是什么?

    a. 秋雨霏霏或枯叶遍地

    b. 秋高气爽或艳阳高照

    c. 不清楚

16. 你在高处的时候,是否觉得站不稳?

    a. 是   b. 否   c. 有时是这样

17. 你平时是否觉得自己很强健?

　　a. 否　　　　　　　b. 是　　　　　　　c. 不清楚

18. 你是否一回家就把房门关上？

　　a. 是　　　　　　　b. 否　　　　　　　c. 不清楚

19. 你坐在小房间里把门关上后，是否觉得心里不安？

　　a. 是　　　　　　　b. 否　　　　　　　c. 偶尔是

20. 当一件事需要你做出决定时，你是否觉得很难？

　　a. 是　　　　　　　b. 否　　　　　　　c. 偶尔是

21. 你是否常常用抛硬币、玩纸牌、抽签之类的游戏来测凶吉？

　　a. 是　　　　　　　b. 否　　　　　　　c. 偶尔

22. 你是否常常因为碰到东西而跌倒？

　　a. 是　　　　　　　b. 否　　　　　　　c. 偶尔

23. 你是否需用一个小时才能入睡，或醒得比你希望的早一个小时？

　　a. 经常这样　　　　b. 从不这样　　　　c. 偶尔这样

24. 你是否曾看到、听到或感觉到别人觉察不到的东西？

　　a. 经常这样　　　　b. 从不这样　　　　c. 偶尔这样

25. 你是否觉得自己有超越常人的能力？

　　a. 是　　　　　　　b. 否　　　　　　　c. 不清楚

26. 你是否曾经觉得因有人跟你一起走时会心里不安？

　　a. 是　　　　　　　b. 否　　　　　　　c. 不清楚

27. 你是否觉得有人在注意你的言行？

　　a. 是　　　　　　　b. 否　　　　　　　c. 不清楚

28. 当你一个人走夜路时，是否觉得前面潜藏着危险？

　　a. 是　　　　　　　b. 否　　　　　　　c. 不清楚

29. 你对别人自杀有什么想法？

　　a. 可以理解　　　　b. 不可思议　　　　c. 不清楚

30. 你在早晨起来的时候最经常出现的感觉是什么？

　　a. 忧郁　　　　　　b. 快乐　　　　　　c. 讲不清楚

　　以上各题的答案，选 a 得 2 分，选 b 得 0 分，选 c 得 1 分。请将你的得分统计一下，算出总分。

得分越少,说明你的情绪越佳,反之越差。

总分 0～20 分:表明你的情绪稳定,自信心强,具有较强的美感、道德感和理智感,有一定的社会活动能力,能理解周围人们的心情,顾全大局,是一个受人欢迎的人。

总分 21～40 分:说明你的情绪基本稳定,但较为深沉,对事情的考虑过于冷静,不善于发挥自己的个性。

总分在 41 分以上:说明你的情绪极不稳定,日常烦恼太多,可考虑寻求专业的心理辅导。

【实训二】 如何控制自己的情绪

【实训目的】

1. 能辨认各种情绪并了解它产生的原因。

2. 知道各种情绪反应对身心行为的影响。

3. 学习控制情绪的正确方法。

【实训准备】

1. 准备好训练用的题目、个案和誓词。

2. 桌椅安排成小组讨论式。

【实训时间】 30 分钟。

【活动步骤】

1. 设情景

(1) 有人弄坏了你的自行车。

(2) 有个同学告诉你,放学后他要找几个人来揍你一顿。

(3) 当你正在看你喜欢的电视节目时,有人把它调到了别的节目。

(4) 你把妈妈省吃俭用给你买书的 100 元钱弄丢了。

(5) 你在公共汽车上被人踩了一脚。

(6) 同学们喊你的绰号。

(7) 在某次竞赛或考试中你获得了第一。

2. 讨论

（1）在碰到以上各情景时，你会有何种情绪产生？

（2）你如果有不适当的情绪反应，会有什么结果？（每组讨论一种情绪）

3. 举例

能就自己在日常生活中，因不适当的情绪反应造成不良后果的情形举例吗？

4. 训练控制自己情绪的方法

老师告诉大家，过几天就要去郊游了，期间还要搞一些娱乐活动比赛。听到这个消息后，同学们各有不同的反应和情绪。

（1）积极参加集体活动，并做好准备。

（2）无所谓，搞不搞这次活动都行，去郊游肯定会遇到很多麻烦，没准儿还会出点事呢。

（3）手舞足蹈，兴奋不已，恨不得马上就去郊游。

请同学们用个案的素材进行小品表演。

5. 结束语

同学们，当你碰到困难时，可能会一时情绪低落，但我相信大家一定能尽快适应并调整好。请大家和我一起满怀激情地朗读一段誓词：

我有明确的奋斗目标，决不放弃！

我将百折不挠，主动迎战困难！

我必须勤奋学习，提高效率，珍惜时间！

我要积极行动，勇敢实践！我要乐观、自信、自强！

我将不断超越自我，走向辉煌！

【实训三】　放松的技巧与方法

【实训目的】　通过肌体的主动放松，来增强人对自我情绪控制的有效方法。

【实训时间】　40 分钟。

1. 呼吸松弛训练法

采用稳定、缓慢的深吸气和深呼气方法，达到松弛的目的。一般要求连续呼吸 20 次以上,呼吸频率在每分钟 10~15 次左右(因人而异,要事先通过定期自我训练,在实践中自我体会,确定最佳呼吸频率,并要求训练成熟后再实际应用)。吸气时双手慢慢握拳,微屈手腕,最大吸气后稍屏息一段时间,再缓慢呼气,两手放松,全身肌肉处于松弛状态。如此重复呼吸。训练时注意力高度集中,排除一切杂念,思想专一,全身肌肉放松。平时每天练习 1~2 次,每次 10~15 分钟。有计划地训练,自我体会身心松弛的效果。每一训练期(医学上称"疗程")为 15~20 次。可休息几天,重复训练,以达到要求为止。可采用坐位或卧位训练,成功后则随时可在实际中应用。切忌在未训练成功时匆忙使用,以致失败后怀疑本法的有效性。

2. 想象松弛训练法

遇到不良情境产生紧张、恐惧和焦虑情绪时,运用自己充分和逼真的想象力,主动地想象最能使自己感到轻松愉快的生活情境,用以转换或对抗不良心理状态。例如,想象自己躺在和煦的阳光下,在海边聆听大海的波涛声,充分享受大自然的美景和情趣,想象自己在环境幽雅、景色迷人的公园里休憩,在风光迷人、空气清新的优美环境中感受鸟语花香带来的乐趣,心境无比舒畅。想象的内容最好是自己过去亲自经历过的生活情景,并且能唤起终生难忘的轻松愉快心理。对于一位足不出户、想象力不丰富、生活经历贫乏者,补救的办法是想象自己观看过的最精彩、最激动人心的影视节目中的片断情景。

3. 自我暗示松弛训练法

自我暗示松弛训练法又称"自我命令法",是指利用指导性短语,自我暗示、自我命令,消除紧张恐惧心理,增强意志力量,保持镇定平衡的心理状态。例如,"这些感觉虽然可怕,但不足畏惧,我可以改变它的意义";"我太惊慌失措了,我不必为此小事大惊小怪,我会自己克服的";"这些情境没有什么了不起,我一定会排除克服的"。指导性短语由同学们自行设计制定,不必千篇一律,生搬硬套。要求短小精悍,流畅顺口,具有鼓舞斗志和自我命令、自我镇静的作用,如毛主席语录——"下定决心,不怕牺牲,排除万难,去争取胜利"。实践表明,当同学们在做一件会引起自己恐惧焦虑的事时,事先做好充分的心理准备,采用本法训练后再行动,确实具有镇静治疗作用。

4. 简单易学的放松训练法

休闲静坐时,可以进行呼吸练习,使自己的呼吸频率下降,有利于增强每次呼吸的深度,使肺内气体交换充分。在考试或比赛时,也可以安静地坐下,做几次深呼吸,有助缓解紧张情绪。静坐可以消除内心的紧张不安。临床试验证明,有规律的静坐,可以减轻压力。

方法:在清静自然、心平气和、身体放松的状态下,取坐式,鼻息呼吸。先用较短呼吸开始练习,纯熟后,渐渐加长。最长时,一呼一吸可占一分钟,但务必自然,不可勉强。吸气时,使空气入肺,尽量充满,肺底舒张,腹部外突。呼气时下腹部收缩,横膈膜推而向上抵住肺部,使肺腑浊气外散无余。

不要担心是否能成功地达到深度的松弛,耐心地维持被动心态。让松弛按自己的步调出现。当分心的思想出现时不要理睬它,并继续默诵1……2……随后松弛反应将不费力地来到。进行这种训练,每天1～2次。不要在饭后1小时内进行,因消化过程可能会干扰预期效果。

【实训四】 用心相聚

【活动目标】

1. 促进成员彼此之间的认识和了解。

2. 澄清团体目标,帮助团体成员了解团体的性质。

【实训过程】

1. 幸福拍手歌

(1) 时间约10分。

(2) 准备:音乐《幸福拍手歌》。

(3) 操作:全体成员围成一圈,伴随音乐,在教师的带领下共同演唱《幸福拍手歌》,大声歌唱,并且要配合歌词,做出相应的肢体动作。

2. 大风吹

(1) 时间约20分钟。

(2) 操作:

① 先安排 N—1 个位置(N 代表团体成员数)。

② 由学生在中央做主角说:"大风吹。"众人各占一位置并回答:"吹什么?"学生甲再说:"吹戴眼镜的人。"凡是有此特征的学生必须交换位置,学生间也可抢位置。届时未抢到的位置者换至中央为主角。依此类推,吹什么特征可变换。

3. 小风吹

与大风吹的操作相同,只是没有此特征的学生必须交换位置。

4. 滚雪球

(1) 时间约为 30 分钟。

(2) 准备:纸、笔。

(3) 操作:

① 由第一个人用一句话介绍自己开始,每句话包含 5 个信息,其中包括自己的姓名以及自己与众不同的特点。

② 按顺时针从第二个学生开始。每个学生在讲自己之前必须复述上一个人所讲的内容(如"我是坐在活泼的喜欢读书的爱笑的会计学院的××旁边的……的××"),再介绍自己。

③ 在介绍的过程中,每位学生都要集中注意力听,努力记住该学生的名字,而且每位学生都有责任帮助对方完整表达。

(4) 分享。

5. 组员心声

(1) 时间约为 10 分钟。

(2) 准备:组员心声表、笔。

(3) 操作:发放组员心声表,让每个团体学生填写,以澄清学生对团体的认识、参加团体的初衷和自己对团体的期望,也可以让学生直接说出来。接着组织者澄清团体的功能、目的和内容。

6. 团体命名和团体契约

(1) 时间约为 20 分钟。

(2) 准备:《团体契约提案》、纸、笔。

(3) 操作:大家各抒己见、发表观点,并记录对团体名称的提案,征求意见,分析讨论并通过小组的命名。之后发放《团体契约提案》，请各小组学生发表自己的观点，整理成自己团队的制度。将最后确定的制度写在一张大白纸上，每位学生签名，形成《团体契约书》。以后每次活动开始之前，都必须由某学生来宣读《团体契约书》。

【实训五】　晾晒心情

【活动目标】

1. 促进学生熟悉，建立良好的团体心理辅导关系。

2. 帮助学生梳理自己的情绪，了解自己的主导情绪特点，并正确理解情绪对个体社会生活和身心健康所具有的意义。

【实训内容】

1. 抛物换名

(1) 时间约为 15 分钟。

(2) 准备：能抛的物件，如小熊。

(3) 操作：先由一个学生抛起可爱的小熊给另外一个人，并同时叫出对方的姓名，叫错者给予特殊奖励，想办法让对方满意并让大家开心。

2. 我想有个家

(1) 时间约为 15 分钟。

(2) 准备：音乐《我想有个家》。

(3) 操作：闭眼听音乐《我想有个家》，然后让全体学生围圈手拉手，充分体会大家在一起的感觉。然后教师说："变，4 个人一组。"（根据情况灵活变动数目）学生必须按照要求重新组成四人组，形成新的"家"，此刻，请那些没有找到"家"的人谈谈游离在团体外的感受，大多会谈到"孤独、被抛弃"等，也可以请团体内的学生分享和大家在一起的感觉，教师可以多次变换人数，让学生有机会去改变自己的行为，积极融入团体，让学生体验有"家"的感觉，体验团体的支持，从而更加愿意与团体在一起。

3. 梳理情绪

(1) 时间约为 10 分钟。

(2) 准备:情绪梳理卡片、情绪小故事。

(3) 操作:

① 冥想放松。伴随舒缓的音乐,选择舒适的姿势,学生放松肌肉,回想近一时期生活中发生的事件,并注意自己情绪上的变化。

② 纸笔练习。发给学生每人一张卡片,要求成员完成下列句子。

A. 最近让我感觉高兴的事情是＿＿＿＿＿＿＿＿＿＿。当时我的心情是＿＿＿＿＿＿＿＿＿＿,现在想起这些事,我的心情是＿＿＿＿＿＿＿＿＿＿。

B. 最近让我感觉不高兴的事情是＿＿＿＿＿＿＿＿＿＿。当时我的心情是＿＿＿＿＿＿＿＿＿＿,现在想起这些事,我的心情是＿＿＿＿＿＿＿＿＿＿。

C. 每当心情好的时候,我会觉得＿＿＿＿＿＿＿＿＿＿。

D. 每当心情糟的时候,我会觉得＿＿＿＿＿＿＿＿＿＿。

E. 我的心情总是＿＿＿＿＿＿＿＿＿＿。

③ 交流、分享。引导学生间进行交流、讨论,帮助学生了解自己的主导情绪,感受到不同情绪体验对生活、行为、健康的影响,使其认识到积极情绪的重要。

④ 教师呈现生活中与情绪有关的小故事,启发学生思考。

⑤ 学生讨论:引导学生认识到自己才是情绪的主人,应该主动构建快乐心情。

⑥ 教师小结。

思考题

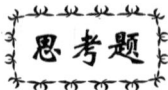

我最生气的一件事:＿＿＿

我最难过的一件事:＿＿＿＿＿＿＿＿＿＿＿＿＿＿＿＿＿＿＿＿＿

我最焦虑的一件事：_____

我最害怕的一件事：_____

我最丢脸的一件事：_____

我最无助的一件事：_____

书籍推荐

1.《别让小情绪害了你》(作者:弗雷德曼·肖普),生活、工作中大部分的麻烦都是小情绪惹的祸:当自己在公共场合出丑的时候,当被岳父母看到你骂孩子的时候,当你被堵在高速公路上无所适从的时候,当会时面对所有同事讲话开始紧张的时候……小情绪瞬间影响了你的状态。如何调整自己的心态,让自己不要焦虑、紧张和恐慌? 如何能够不受这些扰乱人心的小情绪的干扰? 我们所需要的就是在一分钟内控制住小情绪的方法。控制好小情绪,就掌握了生活、工作的方向。

2.《情绪控制术》(作者:奥里森·马登,现代成功学的奠基人),这是一本主要针对情绪问题而展开的励志经典,作者以其雄厚的心理学、励志学等知识积累,用通俗、生动的语言,向读者描述了如何通过各种方式掌控自己的情绪,成为情绪的主人。本书理论与方法相结合,在介绍与情绪有关的理论同时,以通俗、简洁的语言介绍可行的控制情绪的具体方法。

扫码,查看更多

项目四　会计人际管理篇

名人名言

> 一个人的成功,15%靠他的专业知识,而85%取决于人际关系。
>
> ——卡耐基

案例导入

　　一天下午,查尔斯·施瓦布经过他的一家钢铁厂,撞见几个雇员正在抽烟,而头顶上方正挂着"请勿吸烟"的牌子。施瓦布先生是不是因此就指着牌子说"你不识字吗"——没有。他只是走过去,递给每人一支烟,然后说道:"老兄,如果你们到外边抽,我会很感谢。"员工当然知道自己破坏了规定,但是施瓦布先生不但没说什么,反而还给了每人一样小礼物——一支烟。

　　看了这个案例后,你有什么样的感觉?如果你是这家钢铁厂的老板,撞见同样的情形,你会怎么做呢?你会不会勃然大怒,过去就是一顿大骂?或者找来这几个雇员的上司,当着雇员的面对这个上司破口大骂?顺便叫嚣道,要扣他们这个月的全部奖金,或者罚款多少多少钱?

　　看待任何事情,我们都不能教条,这个世界不是非黑即白的。不同的国家,不同职业化程度的员工,处理方式可能会完全不一样。

理论模块

一、会计人际关系概述

人际关系是人们为了满足某种需要,通过交往而形成的彼此间比较稳定的心理关系,它代表了人与人之间的心理距离,反映了个人或团体寻求满足其社会需求的心理状态。

会计人际关系反映了会计个体或群体寻求满足其社会需要的心理状态。会计个体在单位内部的人际交往包括与领导、同事、职工等的人际关系。传统会计的封闭性使会计人员漠视人际交往与冲突,心理压力增高,感到难以适应环境。会计人际关系的好坏虽不能衡量会计个体业务水平的高低,但在一定程度上表明了会计个体理性思辨能力测向运用的效果。

一个令人遗憾的事实是:某些会计个体业务水平较高,但由于长期在封闭的环境中工作,缺乏与外部沟通的能力,在交往中的呆滞木讷,拙劣言行令人不快,给工作造成被动局面。

小昭今年 23 岁,目前在一家公司从事财务统计工作,工作内容比较枯燥机械。由于她的人际关系出现了问题,影响到了她的精神状态,最终她不堪忍受痛苦,向心理医生在线咨询。

小昭诉说道:我从小就不太合群,朋友极少,到现在差不多没有朋友,从毕业到现在四年了,一直在找工作与换工作之间。一般都是我的人际关系问题,因为不合群,一般的老板都认为我没有团队精神,所以试用期一结束就被炒掉。到现在为止,我的自信与自尊差不多已经降到了零,同事觉得跟我在一起压抑很闷,不怎么跟我说话。我就是对什么都没什么兴趣,除了电脑以外。我喜欢与电脑有关的一切,喜欢上网下象棋。总是没什么高兴的事,很无聊提不起情绪,年轻轻的没点朝气和活力,都快忘了应该怎样笑了,成天脸上没什么表情,反应有点慢,记忆力下降。

对于小昭的这种情况,心理医生分析到:小昭的人际关系问题部分是由于自卑。过于自卑的人成为职场单兵的可能性很大,总是想着大家是否能接受自己,所以做事情的时候放不开手脚,跟人说话的时候也是客客气气,让大家有一种距离感,在办公室里就会显得像个局外人。

二、会计人际交往的方式、空间距离和类型

在形成会计人际关系的人际交往中,有交往方式和空间距离的差别。在交往的方式上,有的人交往的圈子大,有的人交往的圈子小,有的人交往中感情色彩较浓,有的人交往中感情色彩较淡。在交往的空间距离上,有的人与密友交往时心理空间距离小,而与一般人交往时心理空间距离大,有的人与任何人交往都保持或小或大的一定的空间距离。例如,领导和被领导的距离,一般有工作上的距离、生活上的距离,以及男女之间的距离。某些会计人员看领导眼色行事,哪怕领导的意见是完全错误的,也极力奉承,以致引起同事与群众的反感和异议。

人际交往中不仅有空间距离的差异,而且有空间类型的差别。有的人的人际交往空间类型是全封闭式或全开放式,有的人则是外开放内封闭式或外封闭内开放式。全开放式是指个人在交往中,对他人从外显的表面到内心的深层都没有很多保留、遮蔽。全封闭式是指个人对他人从细微的小事到核心的秘密都不显露出来,即人的心理除了有意识地隐藏起来的部分外,往往还有连自己也没有意识到而被自己隐藏起来的部分。在内心深处,还有无意识地掩藏自己的倾向。这种无意识掩藏的深层心理,也是最难让人看透的心理。外开放内封闭式是指个人在与他人交往中小节小事开放公开,而个人真实的动机和核心的秘密却封锁极严密。外封闭内开放式是指个人在与他人交往中,初始在小节小事上很谨慎,较封闭,一旦认为对方可交,就会把个人真实的动机或核心的秘密向你展现。对于个体在交往中的方式、空间距离和空间类型,应当研究和把握,因为这是认识个体首先要了解的。

三、会计人际关系的行为模式

一定的人际关系表现出一定的人际行为模式,这个模式反映了人际行为的基本规律。这一模式简洁地说,就是一方的行为会引起另一方相应的行为。一般来说,一方表现出积极的行为会引起另一方相应的积极行为,一方表现出消极

的行为会引起另一方相应的消极行为,这是人际关系行为模式的一般规律。例如,会计人员平等待人,尊重对方的人格,对人热情友好,诚心诚意为别人解决问题,那么或多或少会引起对方的好感和积极的反应。相反,如果对人傲慢冷淡,简单粗暴,必然会引起对方一定程度的反感。

人际行为模式除了受他人的行为影响之外,还与其他许多因素有关,比如个性特征、角色、当时的情景等,都可能对人际行为发生影响。在研究会计人际关系的行为模式时,还要遵循两条人际关系的行为原则,即强化原则和得失原则。

(一)强化原则

所谓强化原则,是指人们怀有这样一种心理倾向,即喜欢那些同样喜欢自己的人。反过来讲,人们讨厌那些同样讨厌自己的人。这实质是揭示了在人际交往中,感情的交往及其评价是同向的。强化原则在不同个体的身上有不同的反应。一般来说,自我评价高的会计人员有较强的自信心、自主性和独立感。因此,他人的喜欢与否,对这类会计个体的自我评价不会产生过多的影响。这类人往往抱着喜厌无妨、宠辱不惊的姿态对待他人的言行;反之,自我评价较低的人往往无法从自己那里获得尊重的满足,故而非常看重他人对自己的行为反应及其评价,更容易以他人的姿态来左右自己的姿态。

(二)得失原则

所谓得失原则,是指在人际交往中,其感情的交流及其评价不仅具有同向性,而且不是等值交换,而是增值交换。这种增值可以是正增值,也可以是负增值。得失原则表现在,同一个始终对自己抱肯定态度的人相比,人们更喜欢那些初始对自己持否定性评价而后逐渐转变为肯定评价的人;与此相同,同一个始终对自己持否定性评价的人相比,人们更讨厌那些初始对自己持肯定评价而后逐渐转变为否定性评价的人。得失原则的"得",是指人们交往中的感情交流及其评价的正增值,"失"是指人们交往中感情交流及其评价的负增值。

四、会计人际关系的社会调节及其方法

随着现代社会政治、经济、文化的迅速发展,会计人际关系因为发展程度的

日益增强,更凸现出错综复杂的特点。许多会计人员尤其是担任一定职务的会计人员,不得不花费相当的精力,去协调人际关系,不少人因未能妥善处理上下级关系而在精神上备感压力,在工作上遇到困难,甚至遭到挫折与失败。

会计人际关系的社会调节,是社会政治、经济、文化、法律、道德等对会计关系旨在制衡所起的制约、调整作用,是会计关系存在、发展所做的客观界定。它既能指导会计人员处理会计关系的行为和心理,又能限定个体只能在一定范围内行动。

会计人际关系的社会调节,是通过社会的控制机制对会计人员给与之相联系的群体或个体提供约束自己行为的规范,使相互之间的关系在一定的协调度运行。这就要求做到以下几点:

(1)坚持法治原则,正确运用法律规范自觉约束领导者和会计人员的互动行为,保证会计与领导关系的合法度。

(2)加强纪律约束机制,保持会计人际关系的健康度。

(3)处理和调节好会计与领导的关系。

(4)处理和调节好财会部门领导与被领导关系。

会计人员欲在工作上获得成就,就应拥有亲近和谐的人际关系以及他人的支持与协助,个体孤立无援,会降低对工作的满意度。这就要求做到以下几点:

(1)要提高人际交往的艺术水平。

(2)要善于把握人际交往的频率。

(3)灵活性与处世标准的统一。

(4)增强角色置换的科学意识。

(5)调控个体自身情绪。

某些自我意识过强的会计人员,非常在乎他人对自己的看法,由于过度在乎自己在他人眼中的形象,对来自外界的批评相当敏感,缺乏雅量,因而非常容易受伤害。工作中若有人受到评价,大伙都感到紧张,这是理所当然的,而害羞、怯懦的人,却总显得焦虑过度。

调控自身情绪是消除纷繁复杂人际冲突的内省方式,会计人员不可避免会遇到各种矛盾和冲突,因而应尽可能调控自身情绪,以防止情绪失控使冲突加剧。

（6）构造人际关系的和谐氛围。

① 岗位循环法。这是为使机构内人员克服单调乏味的工作而定期轮岗的一种方法。

② 年龄层次法。不同年龄的会计人员都具有自身的优势，按年龄层次配备人员，有利于知识和经验的互补、协调内外部关系，保持工作的连续性。

③ 综合参考法。

（7）建立真诚的人际关系。

2005届应届毕业生 Mark：在公司里，我是个人人羡慕的角色，大学刚毕业就当上了"总秘"（总经理秘书的简称），成了离老板最近的人。"你的工作最接近高层，最容易得到老板的欢心，也最容易高升。"同事们的说法让我着实兴奋了一阵。

我是在一个比较优越的环境下长大的，爸爸是一家企业的领导，妈妈是机关干部。因为父母的关系，身边的人对我都是客客气气的。从小学到大学，我在别人的赞扬声中长大，不懂得什么是"迎合"；向来是别人逗我说话，我自己却不知道如何在交谈中寻找话题……

正因如此，进入公司一个月后，我开始为如何与领导相处犯了难。不管怎样下决心，有很多话我都说不出口，哪怕是一些很正常的话，在我看来，那都是在讨好老板。一开始老板还对我问长问短，而我除了有问必答外，也绝不多说什么。渐渐地，我发现老板不太和我搭讪了，即使说话，也局限在工作范围内。工作伊始，我和老板的关系就陷入僵局，我该怎么办？

某些会计人员有较全面的专业知识和丰富的实践经验，然而在向领导汇报工作时，抓不住要领，老是重复同样的内容，不断列出枯燥的数据，使领导感到厌烦；而有说话技巧的会计人员，不但把问题讲得清楚，而且领导爱听，充分体现了汇报者的思维能力水平和语言表达水平。

会计人员特别是担任一定职务的会计人员向领导汇报时更应讲究人际关系的处理方法，具体需注意以下几点：

（1）会计人员在工作汇报中要掌握的语言技巧。

① 汇报工作时采取先概括后演绎的方法，可以使人感到你的思路清晰，说话有条理。

② 简要说明自己的观点和理由后，就要让领导说话。根据他的态度再选择

其余的汇报方式。

③ 注意对方的体态语。

A. 对领导提出的质疑,不应缄默,缄默会使领导感到你有抵触情绪。

B. 汇报前要把话题组织好,安排好先后次序,使汇报简明、扼要。

C. 口头汇报要做到用语准确,句子简练。语言要朴实,力求言简意赅。

D. 文字汇报多用短句,可使你显得干练敏捷。

E. 以向领导请教的方式谈自己的意见,在某些汇报场合,可化解一些尴尬状况。

F. 先说出最坏的估计,使你的失败不那么严重。

(2) 会计人员在汇报中要掌握的原则。

① 不要让领导感到疲劳。

② 表达内心的真实想法。

③ 保持自己的人格。

④ 汇报要直爽。

⑤ 为了提高回报的效果,还要注意自己的体态语。

(3) 会计人员应正确处理与领导的人际关系。

会计人员在工作中,与领导的分歧是随时可能发生的。有了分歧,易于发生争论,这就需要学会避免不必要的争论。尽量在语言上避免露出锋芒。

会计人员与领导之间,在一些大的、原则性的问题上,还是需要争论的。争论的结果,使事情得到正确解决,对工作、对双方都有益处。

与领导互不来往,对于相互之间的思想沟通极为不利,误解是很多矛盾的原发点。作为下属,不要整天盯着领导吹毛求疵找问题。

实训模块

【实训一】 模仿秀(单行沟通小游戏)

【实训目的】 让组员明白单向沟通的意义及不足,从而认识在生活中有效沟通的重要性。

【实训时间】　20 分钟左右。

【活动程序】　将小组成员进行分组。

活动一：组员站成一列，后一位组员背对前一位组员，由第一位组员模仿一组日常生活情境，后面每个人依次模仿前一位组员所做的肢体动作，彼此间不能有语言沟通。

活动二：老师准备两张纸片分别写着"猴子捞月"、"举头望明月，低头思故乡"；组员站成一列，后一位组员背对前一位组员，由第一位组员根据成语或诗句做出动作，之后组员依次模仿，最后一名组员描述动作所表达的含义。

【活动分享】　让组员明白单向沟通的意义及不足，从而认识在生活中有效沟通的重要性。

【实训二】　人际交往中的不同类型以及适合的职业

【实训目的】　了解人际交往的不同类型以及适合的工作，测试自己属于哪种人际交往类型。

【实训时间】　20 分钟。

【实训操作】　共有 20 道测试题，请对下列问题做出"是"或"否"的选择。

1. 碰到熟人时，我会主动打招呼。

2. 我常主动写信给友人，表达思念。

3. 旅行时，我常与不相识的人闲谈。

4. 有朋友来访时，我从内心里感到高兴。

5. 没有引见时，我很少主动与陌生人谈话。

6. 我喜欢在群体中发表自己的见解。

7. 我同情弱者。

8. 我喜欢给别人出主意。

9. 我做事总喜欢有人陪。

10. 我很容易被朋友说服。

11. 我总是很注意自己的仪表。

12. 如果约会迟到,我会长时间感到不安。

13. 我很少与异性交往。

14. 我到朋友家做客从不感到不自在。

15. 与朋友一起乘公共汽车时,我不在乎谁买票。

16. 我给朋友写信时常诉说自己最近的烦恼。

17. 我常能交上新的知心朋友。

18. 我喜欢与有独特之处的人交往。

19. 我觉得随便暴露自己的内心世界是很危险的事。

20. 我对发表意见很慎重。

【计分标准】

第 1、2、3、4、6、7、8、9、10、11、12、13、16、17、18 题答"是",记 1 分;答"否",不记分。第 5、14、15、19、20 题答"否",记 1 分;答"是",不记分。

【人际关系测试解析】

1~5 题分数说明交往的主动性水平,得分高说明交往偏于主动型,得分低则偏于被动型。

6~10 题得分表示交往的支配性水平,得分高表明交往偏向于领袖型,得分低则偏于依从型。

11~15 题得分表示交往的规范性程度,高分意味着交往讲究严谨,得分低则交往较为随便。

16~20 题得分说明交往的开放性偏于开放型,得分低则意味着倾向于闭锁型,如果得分处于中等水平,则表明交往倾向不明显,属于中间综合型的交往者。

由于人的气质、个性等特点不同,表现在人际关系中也有不同的类型。正如不同气质类型的人适合做不同的工作一样,不同人际关系类型的人所适合的工作也不同。

主动型的人在人际交往中总是采取积极主动的方式,适合于需要顺利处理人与人之间复杂关系的职业,如教师、推销员等。被动型的人在社交中则总采取消极、被动的退缩方式,适合不太需要与人打交道的职业,如机械师、电工等。

领袖型的人有强烈的支配和命令别人的欲望,在职业上倾向于管理人员、工程师、作家等。依从型的人则比较谦卑、温顺,惯于服从,不喜欢支配和控制别人,他们愿意从事那些需要按照既定要求工作的、较简单而又比较刻板的职业,如办公室文员等。

严谨型的人有很强的责任心,做事细心周到,适合的职业有警察、业务主管、社团领袖等,而随便的人则适合艺术家、社会工作者、社会科学家、作家、记者等职业。

开放型的人易于与他人相处,容易适应环境,适合会计、机械师、空中小姐、服务员等职业,闭锁型的人适合的职业有编辑、艺术家、科学研究工作等。

【实训三】 社交苦恼分享

【实训目的】 充分调动组员积极性,寻找应对社交苦恼的方法,改善社交能力。

【实训时间】 20 分钟左右。

【活动程序】

1. 每位组员发一张关于"社交苦闷"填写的纸张,上面有三个板块,分别是关于"家人"、"朋友"、"社区邻里"。

2. 对组员进行分组,6～8 人一组,讨论自己在日常生活中面临的关于社交方面的苦闷。

3. 组员讨论之后,每位组员在纸上写出自己所面临的社交苦恼。

4. 所有组员共同讨论。

【实训四】 人际关系测试以及隐藏在身体里的动物特质

【实训目的】

1. 测试自己的人际关系。

2. 了解隐藏在你身体里的动物特质。

3. 如何排解困扰自己的人际关系。

4. 对待异性的态度以及职业分析。

【实训时间】 20 分钟左右。

【活动准备】 答题材料一人一份,计时器一只。

【活动程序】

1. 分发材料。

2. 活动计时开始。

3. 活动体验分享。

【活动材料】 人与动物之间有很多相似的特质,想不想知道隐藏在你身体里的动物特质是哪一种? 这个趣味测试,还能让你学会如何排除人际交往的烦恼哟!

1. 公车靠站,车上已经载满了人,下一班车要一刻钟后才到,你会怎么办呢?

◎ 不想再等下去了,再挤也要上车——请答第 2 题

◎ 人太多了,还是等下一班吧——请答第 4 题

2. 旅行途中的你突然头很痛,这时正好有热心人拿药给你吃,你会如何抉择呢?

◎ 说声谢谢后马上吃药——请答第 6 题

◎ 找理由拒绝对方的药——请答第 3 题

3. 某部电影很让你感动,你有何反应呢?

◎ 会跟身边的人讲故事情节,推荐给别人——请答第 12 题

◎ 将感动藏在心里,不需与人分享——请答第 7 题

4. 一辆红色的面包车开到湖边,你认为里面坐的是什么人?

◎ 一对情侣或一家人——请答第 3 题

◎ 歹徒——请答第 5 题

5. 画面上有一颗桃心,你会联想到什么呢?

◎ 爱情——请答第 12 题

◎ 扑克牌——请答第 8 题

6. 朋友说她要去参加一个聚会,你会怎样呢?

◎ 要求带你一起参加——请答第 9 题

◎ 除非她主动说要带你去,不然的话只有保持沉默——请答第 10 题

7. 和男孩子一起用餐,餐费是他主动付的,好像花了不少钱,你有什么感觉呢?

◎ 觉得过意不去,之后会跟他平摊费用——请答第 10 题

◎ 男生埋单天经地义,会道谢但不出钱——请答第 12 题

8. 参加同学会的时候发现你最要好的朋友却没来,你会怎么办呢?

◎ 觉得很没趣,早早回家吧——请答第 13 题

◎ 硬着头皮敷衍到底——请答第 12 题

9. 你希望多少岁的时候步入结婚礼堂?

◎ 21～25 岁——请答第 11 题

◎ 26～30 岁——请答第 10 题

10. 星期天在家,手机和座机同时响起,你会怎么办呢?

◎ 先接其中的一个——请答第 15 题

◎ 两个一起接——请答第 16 题

11. 如果你抽奖中了一栋别墅,你希望它位于何处呢?

◎ 海边或湖畔——请答第 14 题

◎ 小岛上——请答第 15 题

12. 拥挤的车厢里一位漂亮的女孩子被人踩到脚了,你认为她的表情应该是怎样的呢?

◎ 疼得叫起来——请答第 16 题

◎ 非常生气,责怪对方——请答第 17 题

13. 一位跟你不是很要好的朋友请你吃饭,你会有什么感觉呢?

◎ 对方发财了——请答第 21 题

◎ 必然有事相求——请答第 17 题

14. 朋友送了一份你不是很喜欢的礼物给你,你会怎么做呢?

◎ 平静地说谢谢——请答第 18 题

◎ 假装很开心的样子——请答第 19 题

15. 大卖场四折大清仓,你会怎么做呢?

◎ 疯狂大采购——请答第 18 题

◎ 不一定要买什么——请答第 19 题

16. 你是否将人家送给你的东西转送给他人?

◎ 有过——请答第 19 题

◎ 从来没有——请答第 20 题

17. 一位妖艳女子在等出租车,凭直觉你认为她要去做什么呢?

  ◎ 去跟男朋友约会——请答第 16 题

  ◎ 去夜总会上班——请答第 21 题

18. 突然有人从背后重重地拍了一下你的肩膀,你猜这个拍你的人是男生还是女生呢?

  ◎ 男生——请答第 22 题

  ◎ 女生——请答第 23 题

19. 你比较喜欢喝冰红茶还是珍珠奶茶呢?

  ◎ 珍珠奶茶——请答第 18 题

  ◎ 冰红茶——请答第 20 题

20. 你和好朋友一起乘车,你会主动帮对方买票吗?

  ◎ 会——请答第 24 题

  ◎ 不会——请答第 21 题

21. 对于酷酷的异性,你有接近他的想法吗?

  ◎ 有——请答第 25 题

  ◎ 没有——请答第 23 题

22. 一男一女在街上勾肩搭背,你认为他们是什么关系呢?

  ◎ 恋爱关系——答案 A

  ◎ 纯友谊关系——答案 B

23. 每个女孩子都有玩家家的经历,回想一下,孩童时代的你比较喜欢扮演妈妈还是小孩呢?

  ◎ 喜欢扮妈妈——答案 E

  ◎ 喜欢扮小孩——答案 C

24. 在游乐场玩耍,你比较喜欢玩以下哪一个游乐项目呢?

  ◎ 摩天轮——答案 F

  ◎ 秋千——答案 D

25. 跟朋友在一起好像总有说不完的话题似的?

  ◎ 是的——答案 G

  ◎ 不一定——请答第 24 题

【人际关系测试解析】

A. 梅花鹿

谨慎小心,待人和蔼可亲。

外冷内热的梅花鹿做事谨慎小心,很少鲁莽行事。这类型的人有完美主义倾向,自尊心又强,最瞧不起懦弱的表现,更不喜欢让别人看到自己的缺点。有时外表看似冷漠,其实却有颗温柔坦诚的心,是慢热型的人。偶尔也会被周遭的人或事感动得落泪,也不排除歇斯底里发泄情绪的时刻。

【如何排除人际烦恼】

过于追求完美的你无形中与人有隔阂,你应该主动敞开心扉,表现出最真的你,将深藏的热情与坦率展现出来,大家才会对你刮目相看,不妨将你的心事与身边的朋友分享,他们会理解你的。

【对异性的态度】

你一直都在苦苦找寻能真正读懂你心的人,因为你那起伏不定的情绪极度缺乏安全感,所以你需要一位能包容你,值得依靠的蓝颜知己。

【职业预测】

你拥有绝佳的想象力与品位,适合自己创业或在艺术领域发挥所长。

B. 海龟

协调性强,对人温柔体贴。海龟派的协调性比较强,做事脚踏实地,内心温柔细腻且易碎,所以经常要承受过大的压力又不大愿意将烦恼说出来。

【如何排除人际烦恼】

厌恶阶段斗争的你为了保持一团和气,有可能说些善意的谎言,你从不敢抗拒长辈的要求,也不好意思拒绝别人的请求,所以许多工作都落到了你头上。不用过于在意别人的想法,你应该更重视自己的感受。

【对异性的态度】

你向往细水长流的爱情,就算拍拖,行为举止也跟平常差不多。此外,你对另一半的依赖心比较严重,适合你的人必须成熟稳重又体贴多情。

【职业预测】

医生、护士、幼儿园老师、客户联络员都比较适合你。

C. 折耳猫

不论走到何处永远都是众人的焦点。这类型的人感知流行时尚的能力超好,懂得如何打扮自己,展现自己的优点,虽然有点臭美,但绝不会盲从,因为天生的好品位,所以你很擅长打造属于自己的风格,言行举止略显夸张的你也是社交高手。

【如何排除人际烦恼】

好恶分明的你,只要是自己不愿意做的事就会明明白白地拒绝,你绝对不会勉强自己去配合别人的步调,与志同道合的人交往或共事,能给你带来快乐,你也会在他们的帮助下不断成长。

【对异性的态度】

异性面前的你自信满满,你对另一半的要求很高,他一定会跟你一样优秀或者更出色,才能征服你的心,你那魔女般的气质,将周遭的男生迷得团团转。

【职业预测】

品位出众的你社交能力超强,适合朝演艺界发展。

D. 牧羊犬

牧羊犬对主人百分百忠心,为了完成工作不惜付出一切,这类型的人非常遵守规章制度,对于朋友拜托的事都会如期完成,人缘很不错,有教养又懂礼貌的你不喜欢出风头,只要做好职责范围之内的事就尽情沉醉在自我的兴趣之中,闲暇时候的你那副悠闲自得的模样,很是令人羡慕。

【如何排除人际烦恼】

因为个性随和的缘故,所以你跟任何人都能和平相处,对人缺乏防备可以说是你的最大缺点,也是你烦恼的根源,心太诚太善的话,很容易被人利用,你必须提高警惕,才不至于吃亏上当。

【对异性的态度】

你非常享受谈恋爱的感觉,对于不入眼的异性相当冷漠,一般来说,你很少为爱受折磨,就算有喜欢的对象也不敢主动告白,不过一旦爱起来将是十足的热情难挡。

【职业预测】

你的好耐心是大优点,适合当医生、会计师、电脑工程师等。

E. 金丝猴

这类型的人大多理性又有才华,自信的你就算有再大的成就也不会骄傲,虽然从内心来说,也很希望得到他人的赞赏,但却表现得很沉稳,一副宠辱不惊的样子,你一旦遇到自己喜欢的事就会大把大把投入时间和精力,甚至有可能到废寝忘食的地步!

【如何排除人际烦恼】

你虽然不会主动攻击别人,但却蛮喜欢和别人抬杠!

【对异性的态度】

你在感情上是相当自我的人,表面上对恋人百依百顺,其实却很有自己的想法和原则,你讨厌被恋人命令和束缚,一旦分歧过大,你便会主动提出分手。

【职业预测】

你是最佳的配合者,比较适合做经理助理、经纪人等。

F. 长颈鹿

知性优雅,默默等待爱情。

长颈鹿是位冷静的思考者,这类型的人知性而优雅,喜欢研究问题,为人成熟稳重,进退自如,绝不会做出令人大跌眼镜的事情来,人缘不错,大家都很喜欢你,不管遇到什么状况,你都能冷静处理,但也因为在一些小地方上过于保守,可能会白白错失不少机会,当机会降临时可要抓牢哦!

【如何排除人际烦恼】

你从不会拒绝别人的请求,不管身边的朋友拜托你做什么,你都欣然接受,这样一来,很容易把自己累坏!

别人喜欢依赖你,而你却找不到可以依赖的人,你必须向别人请求支援才能为自己减压。

【对异性的态度】

你很少主动追求别人,你好像一直在默默等待有缘人的出现! 过于温吞的个性是你恋爱路上的绊脚石,你必须积极行动起来才能牢牢抓住手中的红线。

【职业预测】

你的理性和知性,适合做心理咨询师、访谈专员、顾问等。

G. 野象

自由奔放的霸道主义者。

野象从小就生长在丛林里,非常热爱自由,高大醒目的外表很是抢眼,这种类型的人开朗乐观,自由奔放,颇得众人的喜爱,豪放起来有点不拘小节,不了解你的人可能会被你吓一跳! 你具有积极进取的精神,为人坦率直接,行事果决,不管遇到大事还是小事,都不会犹豫,越是大事,越能激发你的斗志。

【如何排除人际烦恼】

你有点小小的霸道,有时候让人很反感,建议你最好控制一下自己的坏脾气,多为别人着想,人际关系才会更加顺利,此外,开玩笑要掌握好分寸,少跟小心眼的人混在一起。

【对异性的态度】

你能大大方方地跟异性相处,很容易交到男朋友。但你的霸道主义有时会让另一半受不了,也很可能会脚踏两条船,唯有心胸宽大的异性,才能给你完美的爱情。

【职业预测】

你的领导欲超强,不管什么工作都能得心应手,最适合自己当老板。

【实训五】 爱在指间

【实训目的】 进一步增进团体成员间的了解,增进成员间信任和接纳,协助成员树立积极主动的人际交往态度,检视团体的凝聚力以及成员在团体中的参与程度。

【实训时间】 30分钟左右。

【活动程序】 将全体学生分成人数相等的两组,一组学生围成一个内圈,再让另一组学生站内圈同学的身后,围成一个外圈。内圈学生背向圆心,外圈学生面向圆心,即内外圈的学生两两相视而站。学生在老师口令的指挥下,做出相应的动作。当老师发出“手势”的口令时,每个学生向对方伸出1～4个手指:伸出1个手指,表示“我现在还不想认识你”;伸出2个手指,表示“我愿意初步认识你,并和你做个点头之交的朋友”;伸出3个手指,表示“我很高兴认识你,并想对你有进一步的了解,和你做个普通朋友”;伸出4个手指,表示“我很喜欢你,很想和你做好朋友,与你一起分享快乐和痛苦”。

当老师发出“开始”的口令,学生就按下列规则做出相应的动作:如果两人伸出的手指不一样,则站着不动,什么动作都不需要做;如果两个人都是伸出1个手指,那么各自把脸转向自己的右边,并重重地跺一下脚;如果两个人都是伸出

2个手指,那么微笑着向对方点点头;如果两个人都是伸出 3 个手指,那么主动热情地握住对方的双手;如果两个人都是伸出 4 个手指,则热情地拥抱对方。每做完一组"动作—手势",外圈的学生就分别向右跨一步,和下一个成员相视而站,跟随老师的口令做出相应的手势和动作。以此类推,直到外圈的同学和内圈的每位同学都完成了一组"动作—手势"为止。回到各自小组分享。

【活动分享】　刚才自己做了几个动作? 握手和拥抱的亲密动作各完成了几个? 为什么能完成这么多(或为什么只完成了这么少)的亲密动作? 当你看到别人伸出的手指比你多时,你心中的感觉是怎样的? 当你伸出的手指比别人多时,心里的感觉又是怎样的? 从这个游戏中你得到什么启示? 人际交往中可以通过哪些方式来主动表达对他人的接纳、喜欢和肯定?

老师小结与人主动交往的方式,如主动与人打招呼,主动帮助别人,主动关心别人,主动约别人一起出去玩,等等。

【实训六】　学会拒绝,敢于说"不"

【实训目的】　通过活动,使学生明白在维护良好的人际关系中,我们有权利说"不",并学会拒绝的技巧。

【实训时间】　30 分钟左右。

【活动程序】

1. 有同学向你借钱(他知道你还有钱),而你知道他经常借钱不还或拖很久才还,你怎么拒绝?

2. 好朋友总是要你帮他写数学作业,这次又叫你写,你怎么拒绝?

3. 有一个对你爱慕已久的异性朋友,周末约你去 KTV 玩,你不想对方误会你对他没有意思,你怎么拒绝?

4. 同宿舍的同学偷偷抽烟,有一天他们对你说:"来,是男人,就抽一根!"你怎么拒绝?

针对以上情境,请各小组讨论后展现拒绝方法。

【活动分享】　请同学们联系自己的实际经验,谈谈拒绝他人有什么技巧。

思考题

1. 领导让你负责组织一项活动，同事对你不满，总是向领导打小报告，你如何和他进行沟通？

2. 你的一个朋友因为上岗竞争职位失败而失落，你怎么劝他？

书籍推荐

1. 《关键对话：如何高效能沟通》（作者：科里·帕特森），本书详细剖析了人们在沟通上常有的盲点，并提供了许多立竿见影的谈话、倾听、行动技巧，辅以丰富的对话情境和轻松幽默的小故事，帮助读者以最迅速的方式掌握这些技巧。运用本书提供的技巧，不论是多么难以应对的局面，你都能够事半功倍地轻松面对。

2. 《圆通的人际关系》（作者：曾仕强，中国式管理之父）。本书以人伦关系为出发点，主要讲述如何处理工作关系和家庭关系这两大难题。只有家庭事业双丰收，才算真正的成功。

3. 《说话的魅力》（作者：刘墉），本书以"说话"为主题，教你如何坏话好说，狠话柔说，大话小说，笑话冷说，重话狠说，急话缓说，长话短说，虚话实说。生活化的小故事，由浅入深的道理，既有"战略"，也有"战术"，人际交往中的诸多微妙尽显笔端，作者三十多年关于说话的心得经验倾囊相授。

扫码，查看更多

项目五　会计学习管理篇

> 人类的学习就是人类本性和行为的改变，本性的改变只有在行为的变化上表现出来。
>
> ——桑代克

案例导入

小王和小李差不多同时受雇于一家超级市场，开始时大家都一样，从最底层干起，可不久小李受到总经理的青睐，一再被提升，从领班直到部门经理。小王却像被人遗忘了一般，还在最底层工作。终于有一天，小王忍无可忍，向总经理提出辞呈，并痛斥总经理用人不公平。总经理耐心地听着，他了解这个小伙子，工作肯吃苦，但似乎缺少了点什么，缺什么呢？

他忽然有了个主意，总经理说："请你马上到集市上去，看看今天有什么卖的。"小王很快从集市回来说，刚才集市上只有一个农民拉了一车土豆卖。"一车大约有多少袋？多少斤？"总经理问。小王又跑去，回来说"有10袋"。"价格多少？"小王再次跑到集上。总经理望着跑得气喘吁吁的他说："请休息一会吧，你可以看看小李是怎么做的。"

说完叫来小李,对他说:"小李,请你马上到集市上去,看看今天有什么卖的?"小李很快从集市回来了,汇报说到现在为止只有一个农民在卖土豆,有10袋,价格适中,质量很好,他带回几个让经理看。这个农民过一会儿还可以弄几筐西红柿上市,据他看价格还公道,可以进一些货。这种价格的西红柿总经理可能会要,所以他不仅带回了几个西红柿作样品,而且还把那个农民也带来了,他现在正在外面等回话呢。

小李由于比小王多想了几步,于是在工作上取得了成功。

人要善于观察、学习、思考和总结,仅仅靠一味地苦干奋斗,埋头拉车而不抬头看路,结果常常是原地踏步,明天仍旧重复昨天和今天的故事。

理论模块

如果没有学习,人类恐怕不会发展到今天;如果没有学习,人生也只能是一个美丽的设想。学习是人类发展和进步的基础,学习也是我们每个人通向成功的必由之路。

一、什么是学习

"学习"一词,我国古代文献早有提及,比如古代著名思想家孔子说"学而时习之,不亦说乎"(《论语·学而》),又说"学而不思则罔,思而不学则殆"(《论语·为政》)。这些话在一定程度上揭示了学习与练习、学习与情感、学习与思维的关系,显示了我国古代学习心理思想的丰富性。那么,什么是学习呢?

学习是一种非常复杂的心理活动过程,是人在生活过程中获取个人经验的过程,是信息的输入、输出与反馈调节的动态过程。老师讲析、阅读书本、同学交流以及联系实际等,都是知识的输入;而运用输入进来的知识做练习、做作业以及解决生活中具体问题,则是知识的输出;筛选出过程中的优劣、不断调节改进、提高人和出的质量,使学习动态结构得以优化,则是学习的反馈调节。学习过程中的三个环节都是不可缺少的,如果学习结构不完整,只知不停地输入、输出,没有学会及时地对人和出进行调节,就难以取得良好的学习效果。学会对学习进行调节,实际上就是学会如何学习、学会掌握学习策略。

二、学习与心理健康的关系

(一)学习对心理健康的影响

1. 学习能够开发人的智力和潜力

每个人都有与生俱来的智力和潜力,但是这种智能只有在学习中才能得以发挥和发掘。

2. 学习能够提高人的各种能力

能力是人们在一定的智力基础上顺利完成某种活动的效率。随着社会的发展,竞争越来越激烈,需要学生同时具备很多能力,如人际交往能力、动手操作能力、创新能力、语言表达能力、组织协调能力等,而这些能力只有在各种活动中不断学习才能得以提高。

3. 学习能够带来满足和快乐

人在学习过程中从事智力活动,感受到成功的喜悦,并体验到自己的价值。自我实现的需要得到了满足,就会带来很大的快乐。

(二)心理健康对学习的影响

1. 良好的心理能挑战机遇,促成博学巧思

心理健康的人,往往表现为有良好的学习态度,较高的学习热情,科学的学习方法。学习时,自信心强,注意力集中,学习效率高,能够举一反三,博学巧学。

2. 良好的心理有利于激发学习热情,稳定学习情绪

心理健康的人面对学习中的困难能够有效克服,并把与困难做斗争作为自己生活中的乐趣,从而进一步激发学习热情。心理不良的人,在困难面前往往表现为退缩,并怨天尤人,降低了学习的热情。

3. 良好的心理有助于排除学习中的各种干扰

由于每个人的意志力不同,所以在学习过程中当受到外界的各种干扰时,心理健康的人往往表现出顽强的意志力,能够驾驭自我,克制自己的各种欲望,实现自己的目标。而心理不良的人,往往表现出意志力薄弱,经受不住外界的种种诱惑和内心的欲望,致使胸无大志,一事无成。

(三) 影响学习的心理因素

1. 兴趣

一个人一旦对某事物有了浓厚的兴趣,就会主动去求知、去探索、去实践,并在求知、探索、实践中产生愉快的情绪和体验。兴趣是乐于认识某种事物或参与某种活动的倾向。从教育心理学的角度来说,兴趣是一个人倾向于认识、研究获得某种知识的心理特征,是可以推动人们求知的一种内在力量。学生对某一学科有兴趣,就会持续地专心致志地钻研它,从而提高学习效果。由此可见,兴趣可以是学习的原因,又可以成为学习的结果。

> 兴趣是最好的老师。
>
> ——爱因斯坦

2. 情绪

心理学家认为:情绪占据着人的整个心理生活和实际生活,它既推动人的本能活动,又干预社会学习和创造活动,是整个活动的动力。

> 能控制好自己情绪的人,比拿下一座城池的将军更伟大。
>
> ——拿破仑

3. 意志

意志是成就事业的助推器,更是学习的不竭动力。普通心理学认为,意志是人自觉的确定目的,并支配行动,克服困难,实现目的的心理过程,即人的思维过程见之于行动的心理过程。

有人对学习曾做了这样的描述：人和人差别最小的是智力，差别最大的是毅力，因此，意志在学习中起着重要的作用。

> 坚持意志，伟大的事业需要始终不渝的精神。
>
> ——伏尔泰
>
> 最可怕的敌人，就是没有坚强的信念。
>
> ——罗曼·罗兰

4. 性格

性格对人一生的影响至关重要，对人的学习也有一定的影响。一个具有优良性格特征的学生，可以保证其具有正确的学习动机、稳定的学习情绪、持久的学习举动和顽强的学习意志，从而提高心智活动的水平，获得高职学业的成功。

> 习惯形成性格，性格决定命运。
>
> ——约·凯恩斯
>
> 良好性格的四个特征：一是努力奋斗，"奋斗是成功之父"；二是实事求是，"知之为知之，不知为不知"；三是独立意识，"独立的意志，独立的思想，独立的生计与耐劳的筋骨"；四是创造精神。
>
> ——陶行知

三、会计人员学习能力的培养

学习能力就是要求个人不仅要学习宽泛博学的知识，还要学会学习的方法，树立终身学习的理念，与时俱进。一个人的学习能力往往决定了一个人竞争力的高低，也正因为如此，无论对于个人还是对于组织，未来唯一持久的优势就是有能力比你的竞争对手学习得更多更快。一个组织如果想要在激烈的竞争中立于不败之地，它就必须不断地有所创新，而创新则来自于知识，知识则来源于人。所以管理大师德鲁克说："真正持久的优势就是怎样去学习，就是怎样使得自己的企业能够学习得比对手更快。"学习也是一种生存能力的表现，通过不断的学习，专业能力需要不断提升技能组合以及刺激学习能力相配合，所以不论处于职业生涯的哪个阶段，都不应该停止学习。因为在职业生涯发展中，需要胜任工作的能力和能够迅速取得新能力的方法。为了求生存和求发展，每个人都必须不断学习那些自然和本能没有赋予他的生存技术，而为取得新的生存技术就必须不断学习。如果停止学习，必定会落后于人，而在当今社会里，落后就会被淘汰。

随着社会的发展，会计职业正在由"劳动密集型"向"智力密集型"转化，需要从业者不断地进行学习。在传统的会计工作中，经验是至关重要的因素，会计技能也往往是通过老师带徒弟的方式进行传递。但在现代会计工作中，随着经济活动的复杂化，会计技术、会计规则总是在不断的变化中，需要会计人员不断更新自身的知识结构，不断学习新知识。

会计人员学习既要求掌握比较深厚的基础理论和专业知识，还要求重视各种能力的培养。会计能力是在财务活动中影响财会工作顺利开展、工作效率高低的个性心理特征。会计个体的基本能力可分为认知能力和应变能力两种。基本的认知能力是指其在财会活动中所表现出来的敏锐的观察力、高度的注意力、再造想象的能力、丰富的联想能力，以及优良的思维能力等认知方面的能力。但在财会实践中，任何一种单一的认知能力都是有所欠缺的，只有使它们共同参与、有机结合，才能审时度势地发挥出高效率，从而顺利实现财会的目的。这就要求会计人员具备其本职工作所需要的应变能力，它是会计各种认知能力的有机结合和核心体现。随着科技的迅速发展，知识正以成倍的速度递增，面对如此庞大的知识体系，要赶上信息时代的步伐，自主学习能力的培养是关键。法国的埃德加富尔在《学会生存》一书中写道：未来的文盲，不再是不识字的人，而是没有学会学习的人。由此可见自主学习能力的培养是多么关键。

（一）什么是自主学习？

关于自主学习的定义，国内外的学者给出的定义很多，但是基本上是相似的，我们把它概括为：建立在自我意识发展基础上的"能学"，建立在具有内在学习动机基础上的"想学"，建立在掌握了一定的学习策略基础上的"会学"，建立在意志努力基础上的"坚持学"。总结中外学者的研究结果，我们发现，自主学习者具有以下基本特征：① 能有目的地学习。目标明确、学习态度端正、对学习的价值观认识恰当、能主动地规划和安排自己的学习。② 能有选择地学习。能准确地选择学习内容、在信息海洋中畅游，对信息有敏锐的感受力、捕捉力和理解力、能有效地发现、收集、获取、处理和创造信息。③ 能独创性地学习。不满足于现成的答案或结果、对学习内容能进行独立思考，进行多向思维，能从多种角度去认识同一事物，并且善于把他们综合起来，创造新事物，或者创造性地运用所学去适应新的情况、探索新的问题，不断地拓展自己的视野。④ 能在学习上进行自我调控。对自己的学习动机、兴趣、策略、学习结果等具有自我认识和调控能力，能敏感地发现学习中即将出现的或已出现的问题，及时有针对性的措施。⑤ 对自己今后的学习前途和人生道路有美好的憧憬和丰富的想象力，并有实现理想的愿望和责任感。⑥ 能主动适应个体、团体的生活，知道并自觉遵守其规则，能为群体、团体所接纳。⑦ 具有人际交往的意愿和能力，能和群体成员相互协作、互相尊重，根据个体的需要自觉承担和转换自己的角色，能在群体活动中主动学习。⑧ 善于构建实体学习小组或在线学习小组，参与构建和维护学习者共同体。

（二）为什么要自主学习？

首先，自学是创新的基础，是成才的必由之路。在知识激增，竞争加剧，科学技术日新月异的今天，人们要适应不断发展变化的新生活，唯一的途径就是自学。有了自学能力，就能够自主地去探求知识之间、事物之间的关系和规律，为创新能力提供更多的必要的有效的实践条件。一个没有自学能力的人，无论其主观愿望怎样强烈，要想做到创新也许只能是一句空话。世界上恐怕没有一个能搞发明创造的科学家不会自主学习的。因此，自学能力是创新能力形成的基础。任何发明创造都是做别人没有做过的东西，走别人没有走过的路。谁能告诉你走哪条路呢？只有自己去摸索，去学习，去不断更新知识。任何人想有所作为、有所建树，都离不开自主学习。中外无数的名人，尽管他们的专业和工作领域千差万别，但他们有一个最大的共性就是自学能力都是超强的人，如毛泽东、林肯、华罗庚、诺贝尔、爱迪生等等。

其次，自学能力是社会的需要，终身教育的观念深入人心。科技突飞猛进，会计理论和技能也在不断的更新，只有不断地学习，才能适应会计行业发展的需要。自学能力是使一个人知识不断扩展和更新的基本保证，是每个人能够生存、发展和有所作为必不可少的条件。终身教育作为一种新的教育理念已被越来越多的人所接受。培养自主学习能力,以适应瞬息万变的高科技社会的需求,显得十分必要。

(三) 会计人员如何培养自主学习能力?

第一,目标明确,志存高远是自主学习的动力。马斯洛的需要层次理论告诉我们,自我实现是人的需要中的最高层次,一个人只有当高级需要得到满足才能产生令人满意的主观效果,才能得到一种鼓舞力量。

为通过会计证的考试学习,对于有十几年应试经验的会计来说,实在再简单不过。但是,仅仅是为了考试而学习,这种学习的动力往往不够强大,并且一旦通过了考试,下面学习的动力就会不足,就会不知所措,甚至迷茫。相反,如果树立为国家、为社会而学习,为中华民族的伟大复兴而学习,为中国信息产业的崛起而学习,那么他就会有很大的社会责任感和使命感,能够驱动他产生不断进取的强烈愿望,而这种愿望正是产生自主学习强大动力的源泉。

第二,合适的学习方法,量力而行的原则是自主学习的策略。有了需要和可能,通过提供必要的学习途径,掌握方法,使自主学习不只是停留在口头上,而能得到实质性的保证。作为一名会计人员,一方面要制定一套符合自己特点的自学计划,边执行边校正,最后找到适合自己的学习方法。另一方面还要量力而行,自学不怕起点低,但也不要好高骛远。如果不考虑自己的实际能力而选择高的难题,结果往往是望着天上的星星,却掉进底下的坑里。这就好像用一只蜡去烧一壶冰水,直到蜡成灰也难以使水沸腾。

第三,艰苦奋斗的拼搏精神,持之以恒的学习态度是自主学习的保证。想在某一领域有所建树,想在某一个专业上有所创新,没有经过十年甚至几十年的艰苦的学习和积累往往是达不到的,因此,在自主学习上我们要有"耐得住寂寞,乐于坐冷板凳、敢于吃苦"的精神准备。另一方面,学习内容要有连续性,自学首先应该注意统筹规划,按照先易后难、由浅入深地安排学习内容。同时应该明白,建造知识宝塔是一项巨大而繁杂的工程,绝不是一蹴而就的事,凭三分钟热血,或者一曝十寒,是难有所成的。浅尝辄止或见异思迁也是自学之大忌,一定要养成持之以恒的好习惯。

第四，一切有益的学习条件是自主学习成功的助推器。我国古代文学家荀子在《劝学》中说："假舆马者，非利足也，而致千里；假舟楫者，非能水也，而绝江河。君子生非异也，善假于物也。"自学也不是关起门来自己学而应该充分利用一切有益于学习的条件。第一步，要学博览群书。书籍是一座知识的宝库，集中了全人类的科学文化遗产，这种遗产只有善于读书的人才能继承。第二步，要学会利用网络资源。第三步，要向名师名家请教。荀子说"学莫便乎近其人"，所以"君子居必择乡，游必就士"。常言道"听君一席话，胜读十年书"，自学者求教于名家，可以少走弯路，有利于短线成才。

实训模块

【实训一】　学习状态自我评估

【实训目的】　使学生了解自己的学习状态，从而进行有效调整。

大学生学习动力自测量表

这个自测量表主要帮助你了解自己在学习动机、学习目标上是否存在困扰。共20个题目，请你实事求是地在与自己情况相符的题目上打个"√"号，不相符的题目后面打个"×"号。

1. 如果别人不督促你，你极少主动去学习。　　　　　　　　　　（　　）

2. 你一读书就觉得疲劳与厌烦，直想睡觉。　　　　　　　　　　（　　）

3. 当你读书时，需要很长时间才能提起精神。　　　　　　　　　（　　）

4. 除了老师指定的作业外，你不想再多读书。　　　　　　　　　（　　）

5. 如有不懂的地方，你根本不想方设法弄懂它。　　　　　　　　（　　）

6. 你常想自己不用花太多时间成绩也会超过别人。　　　　　　　（　　）

7. 你迫切希望自己在短时间内就能大幅度提高自己学习的成绩。（　　）

8. 你常为短时间内成绩没能提高而烦恼不已。　　　　　　　　　（　　）

9. 为了及时完成某项作业你宁愿废寝忘食、通宵达旦。　　　　　（　　）

10. 为了及时完成作业，你放弃了许多你感兴趣的活动，如体育锻炼、看电

影等。　　　　　　　　　　　　　　　　　　　　　　　（　　）

11. 你觉得读书没意思，想去找个工作。　　　　　　　　　　（　　）

12. 你常认为课本上的基础知识没啥好学的，看高深的理论，读大部头作品才带劲。　　　　　　　　　　　　　　　　　　　　　　　（　　）

13. 你只在你喜欢的科目上狠下功夫，而对不喜欢的科目放任自流。
　　　　　　　　　　　　　　　　　　　　　　　　　　　　（　　）

14. 你花在课外读物上的时间比花在教科书上的时间要多得多。（　　）

15. 你把自己的时间平均分配在各科上。　　　　　　　　　　（　　）

16. 你给自己定下的学习目标，多数因做不到而不得不放弃。　（　　）

17. 你几乎毫不费劲就实现了你的学习目标。　　　　　　　　（　　）

18. 你总是同时为实现几个学习目标忙得焦头烂额。　　　　　（　　）

19. 为了对付每天的学习任务，你已经感到力不从心。　　　　（　　）

20. 为了实现一个大目标，你不再给自己制定循序渐进的小目标。（　　）

说明：上述 20 个题目可分成四组，它们分别测试你在四个方面的困扰程度。

1～5 题测查你的学习动机是否太弱；6～10 题测查你的学习动机是否太强；11～15 题测查你的学习兴趣是否存在困扰；16～20 题测查你在学习目标上是否存在困扰。

假若你对某组（每组 5 题）中的大多数题目持认同的态度，即打"√"号，则一般说明你在相应的学习欲望上存在一些不够正确的认识，或存在一定程度的困扰。

大学生学习兴趣自我评估

你可以通过下列问题来对自己的学习兴趣进行简单评估。阅读下面的问题，在是或否的括号内打"√"。

1. 我觉得学习是很轻松的事。　　　　　　　　是（　　）否（　　）

2. 我觉得学习是很有趣的事。　　　　　　　　是（　　）否（　　）

3. 我不需要强迫自己就能投入学习。　　　　　是（　　）否（　　）

4. 在学习中我体会到的更多是快乐和收获。　　是（　　）否（　　）

5. 当我在学习的时候，别的事情很难打动我。　是（　　）否（　　）

6. 我每天都会为学习做好明确的计划。　　　　是（　　）否（　　）

7. 我很少为了必须学习而感到郁闷。　　　　　是（　　）否（　　）

8. 我如果一段时间不学习会觉得不舒服。　　是（　　）　否（　　）

9. 我每天用在学习上的时间比其他活动多。　　是（　　）　否（　　）

10. 学习任务的完成我总是能拖则拖。　　是（　　）　否（　　）

说明：以上 10 个问题可以在一定程度上反映你对学习的总体兴趣。选"是"（第 10 题选"否"）越多，则你的学习兴趣越浓厚。如果想进一步了解自己对某学科（如会计电算化等）的兴趣，你可以把 10 个问题中的"学习"改成"学习该学科（如学习会计电算化等）"，然后再进行自我评估即可。这样你就可以对自己所学各科的兴趣进行逐一的比较了。

大学生意志力评估

请仔细阅读以下每一项描述，并根据自己的实际情况逐一加以判断，在对应的选择上打"√"。

1. 我很喜欢长跑、长途旅行、爬山等体育活动，但并不是因为我的身体条件符合这些项目，而是因为它们能锻炼我的意志力。

非常同意　　比较同意　　可否之间　　不大同意　　不同意

2. 我给自己定的计划常常因为主观原因不能如期完成。

总是这样　　较多情况　　不多不少　　较少这样　　没有这样

3. 如果没有特殊原因，我要每天按时起床，不睡懒觉。

非常同意　　比较同意　　可否之间　　不大同意　　不同意

4. 定的计划应有一定的灵活性，如果完成计划有困难，随时可以改变或撤销它。

非常同意　　比较同意　　无所谓　　不大同意　　不同意

5. 在学习和娱乐发生冲突时，哪怕这种娱乐很有吸引力，我也会马上决定去学习。

经常如此　　较经常　　时有时无　　较少这样　　没有这样

6. 学习或工作中遇到困难的时候，最好的办法是立即向师长、同事或同学求援。

非常同意　　比较同意　　无所谓　　不大同意　　反对

7. 在练习长跑中遇到生理反应，觉得跑不动时，我常常咬紧牙关，坚持到底。

经常如此　　较经常　　时有时无　　较少这样　　没有这样

8. 我常常因读一本引人入胜的小说而不能按时睡觉。

经常如此　　　较经常　　　　时有时无　　　较少这样　　　没有这样

9. 我在做一件应该做的事之前,常能想到做与不做的不同结果,而有目的地去做。

经常如此　　　较经常　　　　时有时无　　　较少这样　　　没有这样

10. 如果对一件事不感兴趣,那么不管它是什么事,我的积极性都不高。

经常如此　　　较经常　　　　时有时无　　　较少这样　　　没有这样

11. 当我同时面临一件该做的事和一件不该做却吸引我的事时,我常常经过激烈的思想斗争,让前者占上风。

总是这样　　　有时是　　　　不确定　　　很少这样　　　不是

12. 有时我躺在床上,下决心第二天要干一件重要的事情,但到第二天这种劲头又消失了。

经常有　　　　较常有　　　　时有时无　　　较少这样　　　没有这样

13. 我能长时间做一件重要但枯燥无味的事情。

总是这样　　　有时是　　　　不确定　　　很少这样　　　不是

14. 生活中遇到复杂情况时,我常常优柔寡断,举棋不定。

经常这样　　　较常有　　　　时有时无　　　较少这样　　　没有这样

15. 做一件事之前,我首先想的是它的重要性,其次才想它是否使我感兴趣。

是这样　　　　有时是　　　　不确定　　　很少这样　　　不是

16. 我遇到困难情况时,常常希望别人帮我拿主意。

是这样　　　　有时是　　　　不确定　　　很少这样　　　不是

17. 我决定做一件事时,常常说干就干,决不拖延或让它落空。

是这样　　　　有时是　　　　不确定　　　很少这样　　　不是

18. 在和别人争吵时,虽然明知不对,我却忍不住说一些过头话,甚至骂他几句。

经常这样　　　较常有　　　　时有时无　　　较少这样　　　没有这样

19. 我希望做一个坚强的有意志力的人,因为我深信"有志者事竟成"。

是这样　　　　有时是　　　　不确定　　　很少这样　　　不是

20. 我相信机遇,好多事实证明,机遇的作用有时大大超过人的努力。

是这样　　　　有时是　　　　不确定　　　　很少这样　　　　不是

计分方法与评价:以上题目中,单数题号的问题的五种答案,从第一个到第五个依次记5、4、3、2、1分;双数题号记分则相反,依次为1、2、3、4、5分。全部20项得分相加,即得总分。

总分与意志品质之关系如下:

80～100分,意志很坚强;

61～80分,意志较坚强;

41～60分,意志品质一般;

21～40分,意志较薄弱;

0～20分,意志很薄弱。

【实训二】 变化能测

【实训目的】

1. 提高观察敏锐度,训练观察力。

2. 养成系统、全面观察的习惯,并掌握相应策略。

【实训时间】 30分钟。

【实训操作】

1. 本活动可以在班级进行,不变动座位。让每两个学生配成一组,彼此面对面坐着。

2. 教师引入语:会计是一种需要细心和耐心的职业,敏锐的观察力是会计从业人员的基本要求。这个活动就是训练观察力的有趣的游戏。

3. 教师宣布活动规则:首先,两人之中有一个人先出题,另一个人观察。观察者先用30秒钟时间,仔细看看搭档全身上下的各个细节,然后由教师统一发令,所有观察者转身,背对出题者。这时,出题的同学要用1分钟时间,随机改变自己身上的三处地方(如少扣一个扣子、领子竖起来、解开鞋带等)。随后再由教师统一发令,所有观察者转过身,在3分钟之内,找出出题的同学究竟在哪三个地方做了手脚,每找对一个地方就可以得到一个笑脸胸贴,最后评比看谁得到的笑脸胸贴最多。

4. 规定时间到后,如果观察者找到了所有的三处答案,让两位同学互换角色,继续游戏;如果观察者没有找到全部三处答案,出题者可以公布答案,那么在下一轮游戏中,角色不用互换。

5. 直到所有学生都基本扮演过不同角色,游戏结束。教师引导学生对活动进行分享与讨论。

【总结与分享】

思维的过程是从收集外界信息开始的,对大多数人而言,信息最主要的来源是视觉。因此,训练学生形成敏锐的观察力,培养学生养成良好的观察习惯,是整个思维训练的重要环节。训练观察力的方法很多,许多学生的问题在于:他们不是缺乏敏锐的观察力,而是缺乏系统观察的良好习惯,在收集信息时常常东看一眼、西看一眼,毫无目标,因而难免丢三落四、顾此失彼。本活动通过设计具有一定难度的任务,培养学生系统观察的能力。

【实训三】 "垒"城堡

【实训目的】

让学生明白很多小事看起来容易,但操作起来是不容易的;培养学生的自信心,提高应变能力等;培养学生做事认真学习细心、专心、耐心和脚踏实地的品质;激发学生积极进取的学习精神。

【实训时间】 30分钟。

【实训准备】 易拉罐空瓶若干、笑脸胸贴、计时秒表。

【实训操作】

1. 本活动可以因地制宜,可以在活动室进行,也可以在不变动座位的情况下在班级进行。在活动开始前教师根据人数将学生分为若干组,每组6~8人,可以就近成组。

2. 教师引入语:我们身边有很多小事,看起来微不足道,但是一旦做起来,却发现里面的学问可大了。现在我们就一起做个小游戏,看看大家有什么切身体会。

3. 教师宣布活动规则：全班分为 6 组，每组 7~8 人，每组选出 1 人参赛，参赛内容为垒城堡，每组 10 个易拉罐，时间统一为 3 分钟，标准是垒得高，3 分钟后不倒。

4. 规定时间到后，垒得高，并且没倒的小组获胜。直到各组比赛完，宣布游戏结束。

5. 教师引导学生对活动进行分享与讨论。

【总结与分享】 在信息爆炸、物质极为丰富的时代，很多同学好骛远，小事不做，大事又做不来。他们认为小事一桩，不值得去做，只是凭着感觉认识事物，殊不知，一切成功都来自能把小事做好这个起点。做小事，看似简单，但真的做起来，大有学问。小事的背后恰恰隐藏着我们一个人成长中所需的重要因素，且很有价值的东西——一种良好的成长品质，即专心、耐心、细心等，这也是在学习过程中所必须具备的。

【实训四】 阅读方法训练

【实训目的】 通过"五步阅读法"的学习和训练，达到提高大学生阅读能力的目的。

【实训时间】 30 分钟。

【实训操作】

1. 介绍"五步阅读法"。

五步阅读法是英美等国流行的一种阅读方法，它包括浏览、发问、阅读、复述、复习五个步骤。这种方法适用于阅读需要记忆的读物，尤其适用于大学生的课文阅读，因此在我国也很受欢迎。运用五步阅读法，需要掌握各个步骤的要领。具体说来，五个步骤的要求可以概述如下：

第一步，全面浏览。如果是阅读书籍，应重点看书的序言、内容提要、目录和书中的大小标题、图表、注释及附录的参考文献等；如果是阅读文章，应着重看文章标题和文中小标题、文章的开头结尾部分以及注释（或提示）。这一步骤的任务是对读物有一个大体的印象，知道将要运用哪些旧知识，需要理解和掌握哪些新知识，以便确定阅读重点。所以这一步骤还有一个定向的任务在内。

第二步,设置问题。这一步骤,一般应略读用黑体字标示出来的内容(如理工科教材中的定理、定律、公式)、文前的提要、提示和文尾的结论(如科技论文)。如果是课文,还要留意编者设置的提示和问题,然后思考提出自己应该重点阅读理解的问题。

第三步,深入阅读。这一步骤的任务有两个:一是细读,二是思考。首先是带着问题细读,着重留意关键词语和重点段落,做好笔记和圈点批注;其次联系阅读分析理解问题。既解决疑难,又加深对读物的理解。

第四步,回忆复述。这一步骤的主要任务是通过复述,检查阅读效果,或者复述读物主要内容,或者联系问题进行解答性复述。在复述时,发现尚未理解和掌握的问题,要及时弥补。

第五步,复习巩固。这一步骤的主要任务是巩固掌握。复习的方法是根据阅读的实际情况,分别采用重点复习或全面复习,对于需要熟记的内容,要反复记诵。这一步骤中也伴有阅读,只是这时的阅读主要是针对重点内容或需记诵的内容进行。

五步阅读法的五个步骤之间是一个连贯的整体,各步骤之间相互联系。从整个阅读理解过程来讲,前边的每一个步骤都为后边的步骤奠定基础,所以每一个步骤都应该一丝不苟地对待。由于五步阅读法费时较多,所以它主要应用于需要精读和掌握的阅读内容。那些只需一般了解,或只需略读概知的读物,不宜采用这种阅读法。

2. 根据"五步阅读法"组织团体阅读。

3. 交流阅读训练体会。

【实训五】 学习经验交流

【实训目的】 交流学习方法,分享学习经验,并学习求助与助人的技能。

【实训时间】 30 分钟。

【实训操作】

1. 每位同学至少写出自己在学习中存在的一个问题、一条经验,越多越好。

2. 每 6 位同学就近组成一个小组,每个同学在小组中交流自己的经验和问题,共同分享经验,并讨论每个同学的问题的解决方法。

3. 每个小组派1名代表总结小组同学的学习经验、问题及解决问题的方法,在团体内交流,大家共同分享团体活动成果。

【实训六】　时间管理

【实训目的】　认识到时间的宝贵,学习时间管理。

【实训时间】　30分钟。

【实训准备】　剪刀和细绳(细绳长度大约40寸长)。

【实训操作】

指导语:绳子的长度象征一个人的寿命,1寸代表1年,正常人1～20岁和60～80岁都无法工作,人的一生真正能用于工作的可能只有40年的时间,让我们看看我们的时间是如何分配的。

以下是一个正常人的时间账目表。

项　　目	每天耗时	40年耗时	结　　余
睡眠	8小时	13.3年	26.7年
一日三餐	2.5小时	4.2年	22.5年
交通	1.5小时	2.5年	20年
电话	1小时	1.7年	18.3年
看电视上网	3小时	5年	13.3年
看报、聊天	3小时	5年	8.3年
刷牙、洗脸、洗澡	1小时	1.7年	6.6年
休假、白日梦、闹	2小时	3.3年	3.3年

真正工作和学习的时间只有3.3年!

老师可以根据以上的时间账目表,每发生一个项目,就将原来的细绳剪掉相对应绳子的长度。也可以准备绳子让学生自己剪,这样可能学生的感触更深。

讨论与分享:我们只有3年的时间去创造价值,我们如何管理时间呢?

下面介绍十二种种时间管理的方法：

1. 有计划地使用时间。不会计划时间的人，等于计划失败。

2. 目标明确。目标要具体，具有可实现性。

3. 将要做的事情根据优先程度分先后顺序。80％的事情只需要 20％的努力。而 20％的事情是值得做的，应当享有优先权。因此要善于区分这 20％的有价值的事情，然后根据价值大小，分配时间。

4. 将一天从早到晚要做的事情进行罗列。

5. 每件事都有具体的时间结束点。控制好通电话的时间与聊天的时间。

6. 遵循你的生物钟。你办事效率最佳的时间是什么时候？将优先办的事情放在最佳时间里。

7. 做好的事情要比把事情做好更重要。做好的事情，是有效果；把事情做好，仅仅是有效率。首先考虑效果，然后才考虑效率。

8. 区分紧急事务与重要事务。紧急事往往是短期性的，重要事往往是长期性的。必须学会如何让重要的事情变得很紧急，这是高效的开始。

9. 每分每秒做最高生产力的事。将罗列的事情中没有任何意义的事情删除掉。

10. 不要想成为完美主义者。不要追求完美，而要追求办事效果。

11. 巧妙地拖延。如果一件事情，你不想做，可以将这件事情细分为很小的部分，只做其中一个小的部分就可以了，或者对其中最主要的部分最多花费 15 分钟时间去做。

12. 学会说"不"。一旦确定了哪些事情是重要的，对那些不重要的事情就应当说"不"。

思考题

1. 结合你学习的会计专业，合理地制定一个本学期的学习目标，并拟定出实现这一目标的学习计划。

2. 作为未来的会计从业人员，你拥有哪些能力？你应该完善哪些能力？

书籍推荐

1.《逻辑思维,只要五步》(作者:[日]下地宽也),干事儿没逻辑,再累也是白忙活！只需轻松五步,摆脱无效沟通、不停返工。详尽图表、简单易行,让你快速表达自己、理清头绪和关系、避免漏洞和重复、找到切入点和关键点、问题迎刃而解！

2.《如何阅读一本书》(作者:[美]莫提默·J.艾德勒、查尔斯·范多伦),是一本阅读指南,介绍了阅读的方法、技巧,阅读所应具备的广阔视野。本书是一本指导人们如何阅读的名作。

3.《专注力:化繁为简的惊人力量》(作者:[英]于尔根·沃尔夫),写给"被催一族"简明的自我管理书！即刻将注意力专注于你重要的目标！活出心底真正渴望的人生！

扫码,查看更多

项目六　会计社会心理篇

名人名言

> 冷静地看，细细地品，不放过蛛丝马迹；反复斟酌，慢慢深入，心中自有铁算盘。

案例导入

某高校举办一次特殊的活动，请德国化学家展示他最近发明的某种挥发性液体。当主持人将满脸大胡子的"德国化学家"介绍给阶梯教师里的学生后，化学家用沙哑的嗓音向同学们说："我最近研究出了一种强烈挥发性的液体，现在我要进行实验，看要用多长时间能从讲台挥发到全教室，凡闻到一点味道的，马上举手，我要计算时间。"说着，他打开了密封的瓶塞，让透明的液体挥发……不一会，前排的同学，中间的同学，后排的同学都先后举起了手。不到 2 分钟，全体同学举起了手。此时，"化学家"一把把大胡子扯下，拿掉墨镜，原来他是本校的德语老师。他笑着说："我这里装的是蒸馏水！"

这个实验，生动地说明了同学之间的从众效应——看到别人举手，也跟着举手，但他们并不是撒谎，而是受"化学家"的言语暗示和其他同学举手的行为暗示，似乎真的闻到了一种味道，于是举起了手。

从众效应是指人们自觉不自觉地以多数人的意见为准则，做出判断、形成印象的心理变化过程。这是指作为受众群体中的个体在信息接受中所采取的与大多数人相一致的心理和行为的对策倾向。积极的从众效应可以互相激励情绪，做出勇敢之举；消极的从众效应则互相壮胆干坏事，如看到别人乱穿马路，不少人也跟着"走捷径"。

理论模块

社会心理学应以个人行为与社会的相互影响为研究对象，"从个人的立场说，社会心理学研究个人在社会中的行为"，个体社会心理现象指受他人和群体制约的个人的思想、感情和行为，如人际知觉、人际吸引、社会促进和社会抑制、顺从等。"从社会的立场说，社会心理学研究社会中个人的行为"。群体社会心理现象指群体本身特有的心理特征，如群体凝聚力、社会心理气氛、群体决策等。

社会心理学是心理学和社会学之间的一门边缘学科，受到来自两个学科的影响。在社会心理学内部一开始就存在着两种理论观点不同的研究方向，即所谓社会学方向的社会心理学和心理学方向的社会心理学。在解释社会心理现象上的不同理论观点，并不妨碍社会心理学作为一门独立学科应具备的基本特点。一般来说，普通心理学是研究主体与客体之间的一般关系。客体包括自然客体与社会客体。社会心理学则主要研究主体与社会客体之间的特殊关系，即人与人、人与群体之间的关系。普通心理学研究主体与客体之间的一般关系所获得的规律可以应用于社会心理学，社会心理学研究主体与社会客体之间的关系所获的规律也可以丰富普通心理学。普通心理学在传统上着重于研究个体、个人与物之间的关系，而社会心理学则着重于研究群体中的个体、群体、人与人、人与群体的关系。

一、首因效应

心理小实验：吉姆是怎样的人？

国外心理学家曾做过一个实验，编了两段描写一个叫吉姆的学生的材料。

第一段说吉姆外出买文具,邀请了两个同学做他的参谋,一路上有说有笑,还不时地与遇见的同学打招呼,尽管其中有些同学甚至连名都叫不出来。第二段则说吉姆放学后独自回家,不愿和同学结伴而行,路上遇见了同学,因怕交往,就躲到一边去了。这位心理学家选择了一百名中学生,分成四组。第一组学生只看第一段材料,他们一致认为吉姆是个性格外向、好交往的人;第二组学生只看第二段材料,他们一致认为吉姆是个性格内向、不好交往的人;第三组学生先看第一段材料,再看第二段材料,结果78%的人认为吉姆是个性格外向的人;第四组学生先看第二段材料,再看第一段材料,结果82%的人认为吉姆是个性格内向的人。

生活中,我们每天都需要与人进行交流,掌握一定的交际心理方法,你就可以在芸芸众生中脱颖而出,成为人际交往中的焦点人物。首因效应在人际交往中对人的影响较大,是交际心理中较重要的名词。人与人第一次交往中给人留下的印象,在对方的头脑中形成并占据着主导地位,这种效应即为首因效应。也就是我们常说的"给人留下一个好印象",一般指的就是第一印象,这里就存在着首因效应的作用。因此,在交友、招聘、求职等社交活动中,我们可以利用这种效应,展示给人一种极好的形象,为以后的交流打下良好的基础。当然,这在社交活动中只是一种暂时的行为,更深层次的交往还需要你的硬件完备。这就需要你加强在谈吐、举止、修养、礼节等各方面的素质,只要能准确地把握它,定能给自己的事业开创良好的人际关系氛围。

二、刻板印象

刻板印象指的是人们对某一类人或事物产生的比较固定、概括而笼统的看法,是我们在认识他人时经常出现的一种相当普遍的现象。我们经常听人说的"长沙妹子不可交,面如桃花心似刀",东北姑娘"宁可饿着,也要靓着",实际上都是"刻板印象"。

《三国演义》中曾与诸葛亮齐名的庞统去拜见孙权,"权见其人浓眉掀鼻,黑面短髯,形容古怪,心中不喜";庞统又见刘备,"玄德见统貌陋,心中不悦"。孙权和刘备都认为庞统这样面貌丑陋之人不会有什么才能,因而产生不悦情绪。

刻板印象的形成,主要是由于我们在人际交往过程中,没有时间和精力去和某个群体中的每一成员都进行深入的交往,而只能与其中的一部分成员交往,因此,我们只能"由部分推知全部",由我们所接触到的部分,去推知这个群体的"全体"。

刻板印象一经形成,就很难改变,因此,在日常生活中,一定要考虑到刻板印象的影响。例如,市场调查公司在招聘入户调查的访员时,一般都应该选择女性,而不应该选择男性,因为在人们心目中,女性一般来说比较善良、较少攻击性、力量也比较单薄,因而入户访问对主人的威胁较小;而男性,尤其是身强力壮的男性如果要求登门访问,则很容易被拒绝,因为他们更容易使人联想到一系列与暴力、攻击有关的事物,使人们增强防卫心理。

"物以类聚,人以群分",居住在同一个地区、从事同一种职业、属于同一个种族的人总会有一些共同的特征,因此,刻板印象一般来说都还是有一定道理的。但是,"人心不同,各如其面",刻板印象毕竟只是一种概括而笼统的看法,并不能代替活生生的个体,因而"以偏概全"的错误总是在所难免。如果不明白这一点,在与人交往时,"唯刻板印象是瞻",像"削足适履"的郑人,宁可相信作为"尺寸"的刻板印象,也不相信自己的切身经验,就会出现错误,导致人际交往的失败,自然也就无助于我们获得成功。

三、黑暗效应

在光线比较暗的场所,约会双方彼此看不清对方表情,就很容易减少戒备感而产生安全感。在这种情况下,彼此产生亲近的可能性就会远远高于光线比较亮的场所。心理学家将这种现象称之为"黑暗效应"。社会心理学家研究后的结论是,在正常情况下,一般的人都能根据对方和外界条件来决定自己应该掏出多少心里话,特别是对还不十分了解但又愿意继续交往的人,既有一种戒备感,又会自然而然地把自己好的方面尽量展示出来,把自己弱点和缺点尽量隐藏起来。

有一位男子钟情于一位女子,但每次约会,他总觉得双方谈话不投机。有一天晚上,他约那位女子到一家光线比较暗的酒吧,结果这次谈话融洽投机。从此以后,这位男子将约会的地点都选择在光线比较暗的酒吧。几次约会之后,他俩终于决定结下百年之好。

四、投射效应

心理学研究发现,人们在日常生活中常常不自觉地把自己的心理特征(如个性、好恶、欲望、观念、情绪等)归属到别人身上,认为别人也具有同样的特征,如自己喜欢说谎,就认为别人也总是在骗自己;自己自我感觉良好,就认为别人也都认为自己很出色……心理学家们称这种心理现象为"投射效应"。

在一家出版社的选题讨论中,出现了这样一种有趣的现象:

编辑们列出他们认为最重要的一个选题分别为:

编辑 A 正在参加成人教育以攻读第二学位,他选的是《怎样写毕业论文》;

编辑 B 的女儿正在上幼儿园,她的选题是《学龄前儿童教育丛书》;

编辑 C 是围棋迷,他的选题是《聂卫平棋路分析》……

宋代著名学者苏东坡和佛印和尚是好朋友。一天,苏东坡去拜访佛印,与佛印相对而坐,苏东坡对佛印开玩笑说:"我看见你是一堆狗屎。"而佛印则微笑着说:"我看你是一尊金佛。"苏东坡觉得自己占了便宜,很是得意。回家以后,苏东坡得意地向妹妹提起这件事,苏小妹说:"哥哥你错了。佛家说'佛心自现',你看别人是什么,就表示你看自己是什么。"

五、过度理由效应

行为如果只用外在理由来解释,那么,一旦外在理由不再存在,这种行为也将趋于终止,因此,如果我们希望某种行为得以保持,就不要给它足够的外部理由。公司老板如果希望自己的职员努力工作,就不要给予职员太多的物质奖励,而要让职员认为他自己勤奋、上进,喜欢这份工作,喜欢这家公司;希望孩子努力学习的家长,也不能用太多的金钱和奖品去奖励孩子的好成绩,而要让孩子觉得自己喜欢学习,学习是有趣的事。

我们常有这样的体验:亲朋好友帮助我们,我们不觉得奇怪,认为这是理所当然的。但是如果一个陌生人向我们伸出援手,我们却认为对方很乐于助人。这就是社会心理学上的"过度理由效应"。

有一个犹太裁缝勇敢地在一个反犹太街区开了一家裁缝店。为了把他赶出这个街区,每天都有一群年轻人跑到他的店门口向他大吼"犹太人,犹太人"。失眠了几个晚上以后,裁缝想出了一个办法。那群人再来他店门口时他宣布任何称他为"犹太人"的人都将得到一毛钱。得到激励后,第二天这群人更加高兴地跑来大叫"犹太人,犹太人"。裁缝微笑着给了每个人五分硬币,他解释说今天只能付这么多。这群年轻人还是很满意地离开了,毕竟5分钱也是钱。接下来的几天,犹太裁缝就只给那群年轻人每人一分钱,并再次解释他付不起更多的钱。当然了,一分钱不再那么有激励作用,一些年轻人开始向裁缝抗议。裁缝再次申明,他不可能付更多的钱,这些年轻人要么拿一分钱,要么就离开。于是这群年轻人决定离开,临走前还冲着裁缝大叫"你只出一分钱,还想让我们叫你犹太人,真是疯了"。

每个人都力图使自己和别人的行为看起来合理,因而总是为行为寻找原因,一旦找到足够的原因,人们就很少再继续找下去,而且,在寻找原因时,总是先找那些显而易见的外在原因,如果外部原因足以对行为做出解释时,人们一般就不再去寻找内部的原因了。行为如果只用外在理由来解释,那么,一旦外在理由不再存在,这种行为也将趋于终止,因此,如果我们希望某种行为得以保持,就不要给它足够的外部理由。

六、罗密欧与朱丽叶效应

莎士比亚的名剧《罗密欧与朱丽叶》描写了罗密欧与朱丽叶的爱情悲剧,他们相爱很深,但由于两家是世仇,感情得不到家里其他成员的认可,双方的家长百般阻挠。然而,他们的感情并没有因为家长的干涉而有丝毫的减弱,反而相爱更深,最终双双殉情而死。

在现实生活中,也常常见到这种现象,父母的干涉非但不能减弱恋人们之间的爱情,反而使感情得到加强。父母的干涉越多,反对越强烈,恋人们相爱就越深,这种现象被心理学家称为"罗密欧与朱丽叶效应"。为什么会出现这种现象呢?这是因为人们都有一种自主的需要,都希望自己能够独立自主,而不愿意自己是被人控制的"傀儡"。一旦别人越俎代庖,代替自己做出选择,并将这种选择强加于自己时,就会感到自己的主权受到了威胁,从而产生一种心理抗拒,排斥自己被迫选择的事物,同时更加喜欢自己被迫失去的事物,正是这种心理机制导致了罗密欧与朱丽叶的爱情故事一代代地不断上演。

心理学家的研究还发现，越是难以得到的东西，在人们心目中的地位越高，价值越大，对人们越有吸引力，轻易得到的东西或者已经得到的东西，其价值往往会被人所忽视。

某中学初一年级的两位学生由于相互吸引而走到了一起，一开始，老师和家长都竭尽全力干涉，然而，这种干涉反而为两个孩子增加了共同语言，他们更加接近，俨然一对棒打不散的鸳鸯。后来，校长改变了策略，他将孩子和老师都叫去，没有批评孩子们，反而说老师误会了他们，把纯洁的感情玷污了。过后，这两个孩子还是照样来往，但是没过多久，他们就因为缺乏共同点而渐渐疏远，最终发现对方与自己理想中的王子和公主相差太远而分道扬镳。

七、鲶鱼效应

挪威人爱吃沙丁鱼，在海上捕得沙丁鱼后，如果能让它活着抵港，卖价就会比死鱼高好几倍。但是，由于沙丁鱼懒惰，不爱运动，返航的路途很长，因此捕捞到的沙丁鱼往往一回到码头就死了。只有一位渔民的沙丁鱼总是活的，原因就是他的鱼槽里有一只鲶鱼。原来当鲶鱼装入鱼槽后，由于环境陌生，就会四处游动，而沙丁鱼发现这一异己分子后，也会紧张起来，加速游动，如此一来，沙丁鱼便活着回到港口。这就是所谓的"鲶鱼效应"。

通过个体的"中途介入"，对群体起到竞争作用，它符合人才管理的运行机制。目前，一些机关单位实行的公开招考和竞争上岗，就是很好的例子。这种方法能够使人产生危机感从而更好地工作。

会计工作与经济密不可分，不论什么部门、单位，财务工作都必不可少，要搞好财务工作，会计是主体，会计人员工作做不好，财务工作无从谈起。随着社会经济的发展与进步，社会对会计人员的工作提出了更新更多的要求。

要想做好会计工作，会计人员需时刻保持良好的心理状态，会计人员的心理表现对工作有着十分重要的影响。不论什么人和从事什么工作，每个人都有自己的需求，会计人员也不例外。而由于会计工作的特殊性，会计人员的需要和心理状况及表现会更为复杂，表现多样性，我们要通过表面的现象更深层地对会计人员的心理进行分析、研究、探讨，及时了解和解决存在的问题，使会计人员尽可能保持良好的心态,积极地处理和面对存在的问题。调整好心态,为做好会计工作奠定良好的基础,为社会经济的发展做出自己应有的贡献。

会计的行业要求和特点铸造了会计人员敏感、多疑、感情细腻脆弱、情绪极易受暗示等鲜明的个性和职业特征,使会计群体养成了处事谨慎、精于心计和善于私案的职业品格。此类个体,他们情绪体验的方式较少,也极少外露自己的情感,但内心体验却相当强烈(一般来说,此类情绪在女会计人员中较为常见,这可能与生理特点有一定的关系)。由此极易形成双重人格或多重人格,进而导致人格异化。而这一危害的后果往往是某些会计人员不能自我调节,导致抑郁、多疑、善变、焦虑、易受伤害等,从而使个体情绪的外部表现呈现出明显的抑郁性和内心冲突性,以至于最后不能坚持原则,缺乏诚信,甚至做假账,化公为私,导致会计信息严重扭曲和失真,使国家宏观经济决策失去依托,对社会主义市场经济的良性运行带来十分不利的影响。

社会对会计工作的需求、压力,会计工作的风险性、技术性、原则性、复杂性以及工作中存在的一些不合理、不公平的现象,对会计人员的精神影响导致会计人员产生各种各样的心理表现特征。例如,在工作中感到疲惫,担心出问题,得罪人,福利待遇不尽人意等心理状况。

月薪千元左右,却又想穿名牌,女会计便想出了挪用公款的招。昨日江北区法院以职务侵占罪,判处女会计陈某五年半有期徒刑。

陈某今年 35 岁,2000 年至 2007 年担任南方五交化公司出纳兼任九龙坡分公司会计的职务。陈某非常喜欢买衣服,但由于收入不高,便打起了歪主意。之后,"她两三天就换一套名牌",同事很艳羡。陈某的异常引起了公司员工的怀疑,公司领导悄悄安排人查账,发现她挪用了公款 44 万元。江北区检察院指控,其中 19 万余元是她用作废的支票存根记账的手段非法侵占,另外 20 余万是她直接挪用的。

生理需要和安全需要是维持个体生存、稳定的基本需要,在人类的所有需要中它是最低级、最优先的,这种需要得不到满足,人就会感到威胁和恐惧。然而现今财务制度流行"一支笔"控制的监督方法,面对这样的"一支笔"的监督权威,会计人员与法人单位的契约关系和上岗合同时常面临危机,会计人员的生理和安全需要受到威胁,所以财会人员为保自身的安全,往往出现一种

"唯命是从"的心理,不管领导人的意见是否正确,完全看领导的眼色行事,毫无自己的原则立场。因此丧失了应有的责任感,使会计监督徒有虚名。而"吃喝玩乐"引发的会计犯罪动机更是生理需要恶性膨胀的结果。

海南省一农业开发公司女出纳员许某在 QQ 聊天时结识了身在北京的男友,两人网恋将近 4 年的时间里,男朋友只来海口找过她一次。2009 年,男友说要做生意需要本钱,许某铤而走险挪用侵占公司 52 万余元帮男友。可随后,男网友再没出现也联系不上。11 月 6 日,海口市美兰区人民法院以职务侵占罪对其判处有期徒刑 4 年 6 个月。

爱和归属的需要是在生理和安全需要满足的基础上产生的,是人要求与他人建立情感联系、隶属于某一群体并在群体中享有地位的需要。尊重的需要是希望有稳定的地位,得到他人高度评价,受到他人尊重并尊重他人的需要。不可否认,大多数会计人员由于对单位的归属感、对领导的依附性、对群体的趋同性,更由于近些年来财务监督机制弱化,无形中使一些会计人员感到了群体的"压力",于是自然"顺应"了群体,看到左邻右舍怎么办,自己也跟着办,产生了从众心理、求和心理、畏惧心理等。这些错误的归属需要为其造假犯罪的动机提供了借口,从而引起了一系列职业道德失范行为。

王某,23 岁,会计专业大学毕业后到某市一国债服务部工作,担任柜台出纳兼任金库保管员。2000 年 5 月 11 日,王某偷偷从金库中取出 1998 年国库券 30 万元,4 个月后,王某见无人知晓,胆子开始大了起来,又取出 50 万元,通过证券公司融资回购方法,拆借人民币 89.91 万元用来炒股,没想到赔了钱。王某在无力返还单位证券的情况下,索性于 2000 年 12 月 14 和 15 日,将金库里剩余的 14.03 万元国库券和股市上所有的 73.7 万元人民币全部取出后潜逃,用化名在市一处民房租住隐匿。至此,王某共贪污 1998 年国库券 94.03 万元,折合人民币 118.51 万元。案发后,当地人民检察院立案侦查,王某迫于各种压力,于 2001 年 1 月 8 日投案自首,检察院依法提起公诉。

犯罪嫌疑人王某年轻,有学历,刚毕业就被安排在比较重要的岗位上工作,但其非但不勤恳敬业,反而贪欲膨胀,胆大妄为。从学校刚刚走上工作岗位就犯罪,说明其在学校缺乏会计职业道德教育,没有丝毫法制观念和会计职业道德观念,内心深处没有构筑道德防线,或者说道德防线十分脆弱,不堪一击。从会计职业道德规范的角度分析,违背了"爱岗敬业"、"诚实守信"、"廉洁自律"等会计职业道德规范。

自我实现的需要是指人希望最大限度地发挥自己的潜能,不断完善自己,实现自己理想的需要,也是人类最高层次的需要。而一部分会计人满怀抱负,但太急于实现自我价值,这种高层次需要的畸形发展也会引发会计人员的职业道德失范。

不论任何部门和单位要想充分发挥好会计人员的功能和作用,首先领导必须重视支持财务部门和财务人员的需求,不但在工作上应提供必要的条件和环境,在生活上、思想上应给予关心帮助,尽可能地解决和消除影响工作的各种问题和因素,使会计人员在工作中没有顾虑,能大胆做事。对表现好、成绩突出的,应给予肯定和奖励;对出现的问题矛盾,应查明分析原因,及时纠正解决。

会计人员要不断提高自身的素质和修养,充分理解和认识会计工作的重要性,要有使命感,为自己是一名会计人员感到骄傲和自豪,增强道德意识,加强业务技术学习,以适应社会、经济发展对会计人员的要求。在市场经济的大环境下要树立正确的人生观,调整心态正确对待和处理好各种人与事的关系。

科学、规范、严格的管理制度的建立,使每个人在工作中有章可循、有法可依。只有这样才能避免和减少问题的发生,使会计工作步入正常有序的轨道,对人对事都应尽可能地做到公平、公开、公正、合理,防止矛盾的产生和激化。

会计人员也是正常的人,也有各种需求和期望,由于工作的特殊性更需要社会和领导给予更多的关心和关注,保证他们的合法权益。通过建立健全激励机制使他们在工作上有提高发展的机会,最大限度地调动他们对工作的热情和聪明才智。

实训模块

【实训一】 你适合做会计吗?

【实训目的】 测试自己是否适合会计这个职业。

【实训时间】 10 分钟左右。

【活动准备】 答题材料一人一份,计时器一只。

【活动程序】

1. 分发材料。

2. 活动计时开始。

3. 活动体验分享。

【活动材料】 以下两组 20 个题,只要在题后回答"是"或"否",就可以测出你是否适合做会计。

第一组

1. 就我的性格来说,我喜欢同年轻人而不是同年龄大的人在一起。

2. 我心目中的丈夫或妻子应具有与众不同的见解和活跃的思想。

3. 对于别人求助我的事情,我总乐意帮助解决。

4. 我做事情考虑较多的是速度和数量,而不在精雕细琢上下功夫。

5. 我喜欢新鲜这个概念,如新环境、新旅游点、新朋友等。

6. 我讨厌寂寞,希望与大家在一起。

7. 我读书的时候就喜欢语文课。

8. 我喜欢改变某些生活惯例,以使自己有一些充裕的时间。

9. 我不喜欢那些零散、琐碎的事情。

10. 我进入招聘职员经理室,经理抬头瞅了我一眼,说声"请坐",然后就埋头阅读他的文件不再理我,可我一看旁边并没有座位,这时我没站在那里等,而是悄悄搬来个椅子坐下等经理说话。

第二组

11. 我读书的时候,很喜欢数学课。

12. 我看了一场电影、戏剧后,喜欢独自思考其内容,而不喜欢与人一起谈论。

13. 我书写整齐清楚,很少写错别字。

14. 我不喜欢读长篇小说,喜欢读议论文、小品文或散文。

15. 业余时间我爱做智力测验、智力游戏一类的题目。

16. 墙上的画挂歪了,我看着不舒服,总要想法将它扶正。

17. 收录机、电视机出了故障,我喜爱自己动手摆弄、修理。

18. 做事情愿做得精益求精。

19. 我对一般服装的评价是看它的设计而不大关心是否流行。

20. 我对经济开支能控制,很少有"月初松、月底空"的现象。

【评分方法】

1. 从第一题起依次答题。然后算出两组各有几个"是"。

2. 比较两组答案:第一组中答"是"比第二组多,为 A;第二组中答"是"比第一组多,为 B;如果两组回答"是"相等,为 C。

【测试解析】

A. 你最大的长处是思想活跃,善与人交往。你喜欢把自己的想法让别人去实现,或者与大家共同去实现,适合你的职业是记者、演员、导游、推销员、采购员、服务员、节目主持人、人事干部、广告宣传人员等。

B. 你具有耐心、谨慎、刻苦钻研的品质,是个稳重的人。适宜于选择编辑、律师、医生、技术人员、工程师、会计师、科学工作者等职业。

C. 你具备 AB 两类型人的长处,不仅能独立思考,也能维持、处理良好的人际关系。供你选择的职业包括教师、教练、护士、秘书、美容师、理发师、公务员、心理咨询员、各类管理人员等。

【实训二】 立足社会,你缺少什么

【实训目的】　测试自己要想在社会上立足,缺少什么。

【实训时间】　5 分钟左右。

【活动准备】　答题材料一人一份,计时器一只。

【活动程序】

1. 分发材料。

2. 活动计时开始。

3. 活动体验分享。

【活动材料】　假设有一天,你站在剧院的看板前,看到一张黑色电话的剧照,你认为这张剧照意味着什么意思呢?

A. 电话会牵引出电视中的一段重要情节。

B. 电影开演时,首先出现的画面,由电话铃声展开剧情。

C. 电影要结束前的最后一个画面,以电话的镜头来暗示某种启示。

【测试解析】

选A:勇气可嘉,判断不足。你有接受挑战的勇气,想在社会上出人头地,虽然你很努力,但判断力不足,这是你极需加强的地方。

选B:信心充沛,缺乏经验。你充满自信,认为自己想做的事一定可以成功,但由于经验不足,还是需多听听别人的意见较好。

选C:逃避责任,害怕失败。你内心彷徨不安,对现实生活有诸多迷惑,因此碰到自己该做的事,往往采取逃避的态度,害怕一旦失败就会遭到他人的嘲笑,只要你多学习别人的长处,就能消除心理压力。

【实训三】 你是一个什么样的人

【实训目的】 通过测试了解你在工作场合中扮演怎样的角色以及在生活中体现出的性格。

【实训时间】 20分钟左右。

【活动准备】 答题材料一人一份,计时器一只。

【活动程序】

1. 分发材料。

2. 活动计时开始。

3. 活动体验分享。

【活动材料】 如果把人生比作戏剧,工作场所是我们花费时间较多的一个工作前台。比起真实的自己,我们还有一个想让别人看到的自己。那么,你在工作场合中扮演怎样的角色,你在生活中体现出的又是怎样的性格呢?

1. 若有块地是养老用的房子,你会盖在哪?

    a. 靠近湖边(8分)

    b. 靠近河边(15分)

    c. 深山内(6分)

    d. 森林(10分)

2. 吃西餐最先动哪一道?

    a. 面包(6分)

    b. 肉类(15分)

    c. 沙拉(6分)

    d. 饮料(6分)

3. 如果节庆要喝点饮料,你认为如何搭配最适当呢?

    a. 圣诞节/香槟(15分)

    b. 新年/牛奶(6分)

    c. 情人节/葡萄酒(1分)

    d. 国庆日/威士忌(6分)

4. 你通常什么时候洗澡?

    a. 吃完晚饭后(10分)

    b. 吃晚饭前(15分)

    c. 看完电视后(6分)

    d. 上床前(8分)

    e. 早上起床才洗(3分)

    f. 没有特定时间(6分)

5. 如果你可以化为天空的一隅,希望自己成为什么呢?

    a. 太阳(1分)

    b. 月亮(1分)

    c. 星星(8分)

    d. 云(15分)

6. 你觉得用红色笔写的"爱"字比用绿色笔更能代表真爱吗?

    a. 是(1分)

    b. 否(3分)

7. 如果你在选择窗帘的颜色,你会选择哪种颜色?

    a. 红色(15分)

    b. 蓝色(6分)

    c. 绿色(6分)

    d. 白色(8分)

    e. 黄色(1分)

    f. 橙色(3分)

    g. 黑色(1分)

    h. 紫色(10分)

8. 挑选一种你最喜爱的水果。

    a. 葡萄(1分)

    b. 水梨(6分)

    c. 橘子(8分)

    d. 香蕉(15分)

    e. 樱桃(3分)

    f. 苹果(10分)

    g. 葡萄柚(8分)

    h. 哈密瓜(6分)

    i. 柿子(3分)

    j. 木瓜(10分)

    k. 凤梨(15分)

9. 若你是动物,你希望身上搭配什么颜色的毛?

    a. 狮子/红毛(15分)

    b. 猫咪/蓝毛(6分)

    c. 大象/绿毛(1分)

    d. 狐狸/黄毛(6分)

10. 你会为名利权位,刻意讨好上司或朋友吗?

    a. 会(3分)

    b. 不会(1分)

11. 你认为朋友比家人更重要吗?

    a. 是(15分)

    b. 否(6分)

12. 若你是只白蝴蝶,会停在哪一种颜色的花上呢?

a. 红色(15分)

b. 粉红色(8分)

c. 黄色(3分)

d. 紫色(6分)

13. 假日无聊时,你会选择什么电视节目来看?

a. 综艺节目(10分)

b. 新闻节目(15分)

c. 连续剧(6分)

d. 体育转播(15分)

e. 电影频道(10分)

【测试解析】

100分以上(积极 & 热情)

个性开放,觉得助人为快乐之本。做事干脆利落,有时会过度激动,但又富有强烈的同情心,令人莫名地想和他们亲近。也因为他们的复原力很强,我们能轻易感觉一股够劲的行动力,和他们在一起就像有了一股生命的泉源,不会有想放弃的念头,因为他们总是抱持着乐观进取的态度。

积极人:勇于追求目标理想,不会放弃任何希望,也具有越挫越勇的特质和困难环境中越不易击败的精神。

热情人:生活圈广泛五彩缤纷,比较不拘小节,因此造成他们的个性坦率直来直往活泼好动的性格,也常有孩子气的举动。

100~90分(领导人)

做事慢条斯理,喜欢思考沉淀思绪,爱好命令别人,讨厌别人的反抗与被质疑的态度,不容许自己输给别人。喜爱学习,想让自己成为最好的。而达不到目标时会不分青红皂白地生闷气。

89~79分(感性人)

表达能力丰富,想象空间大,因此常胡思乱想而变得多愁善感,容易沉醉在罗曼蒂克与甜言蜜语中,对爱情总是既期待又怕受伤,常无厘头又莫名地对号入座。个性属于优柔寡断型,通常不顾现实只跟着感觉走,让人摸不着他的想法与思考逻辑。

78～60分(理性 & 淡定)

做事总是深思熟虑考虑再三,谨慎小心,冷静且也愿意当个易妥协的人,有时候宁愿自己承受舆论与压力,也不愿说出来和好友谈谈,因为他们总是认为自己能熬过那么不堪苦的日子,但其实这都只是在逞强罢了。他们通常讨厌被束缚,更是酷爱自由!

理性人:深思熟虑为第一原则,凡事要求公私分明,生活可能较拘谨严肃,对于赞美、悲伤或开心等较没什么差异性。

淡定人:与世无争恬定主义者,内心没什么波澜,就像温驯的绵羊,只要能够生活就好,不必计较太多,成为只羡鸳鸯不羡仙的那一类人。

59～40分(双重 & 孤寂)

环境的因素会让你不知道该怎么表现你自己,所以你可能有见人说人话的习惯,其实你热爱人多的时候,只是有时这会导致你慌乱,不过你还会因为现实的需要而委屈自己配合他人。通常会得不到满足而受挫,造成自闭。

双重人:不会适时表达情感,压抑情绪总是他们碰到阻碍和困难时的第一个反应,学习如何发泄情绪与传达自己的意见,这是必须优先学习的。

孤寂人:对于现实不满,不易与人相处,难以找到生活的目标与重心,觉得没人了解自己,常引发强烈的自我防卫意识,就算与人交往,心中仍有一份挥之不去的孤单。

40分以下(现实 & 自我)

喜欢多变刺激的事,是个很有心机的人,而且计划周详,别人对你难以揣测,对任何事你都充满企图心,刚愎自用,想凸显求表现。常追求遥不可及的梦想,造成不平衡的心态,隐瞒自己也欺骗别人。

现实人:为了讨好上司、朋友,让人觉得墙头草两边倒、心机重、心眼小!自私又自利,但往往能为自己打算未来,为自己创造一番天地。

自我人:常透过主观的感受来表达意见,然而,人际关系的走样或许是造成压力的来源。不自觉地划地自限压抑情绪,也不愿被外在所影响而尝试改变,更不会考虑到别人的感受,即便经历了挫折但仍然固执自己的理念。

【实训四】　定势效应

【实训目的】　打破思维定式,寻求解决问题的方法。

【实训准备】　8～10个人一组,讨论分析:如果是你,你会如何做?

【实训时间】　15分钟。

【活动材料】　一位公安局长在路边同一位老人谈话,这时跑过来一个小孩,急促地对公安局长说:"你爸爸和我爸爸吵起来了!"老人问:"这孩子是你什么人?"公安局长说:"是我儿子。"请你回答:这两个吵架的人和公安局长是什么关系?

这一问题,在100名被试中只有两人答对! 后来对一个三口之家问这个问题,父母没答对,孩子却很快答了出来:"局长是个女的,吵架的一个是局长的丈夫,即孩子的爸爸;另一个是局长的爸爸,即孩子的外公。"

为什么那么多成年人对如此简单的问题解答反而不如孩子呢? 这就是定势效应。按照成人的经验,公安局长应该是男的,从男局长这个心理定式去推想,自然找不到答案;而小孩子没有这方面的经验,也就没有心理定式的限制,因而一下子就找到了正确答案。

心理定式指的是对某一特定活动的准备状态,它可以使我们在从事某些活动时能够相当熟练,甚至达到自动化,可以节省很多时间和精力;但同时,心理定式的存在也会束缚我们的思维,使我们只用常规方法去解决问题,而不求用其他"捷径"突破,因而也会给解决问题带来一些消极影响。

【实训五】　责任分散效应

【实训目的】　了解责任分散效应以及责任分散效应形成的原因。

【实训准备】　8～10个人一组,讨论分析:如果是你,你会如何做?

【实训时间】　20分钟。

【活动材料】　1964年3月13日夜3时20分,在美国纽约郊外某公寓前,一位叫朱诺比白的年轻女子在结束酒吧间工作回家的路上遇刺。当她绝望地喊叫:"有人要杀人啦！救命！救命!"听到喊叫声,附近住户亮起了灯,打开了窗户,凶手吓跑了。当一切恢复平静后,凶手又返回作案。当她又喊叫时,附近的住户又打开了电灯,凶手又逃跑了。当她认为已经无事,回到自己家上楼时,凶手又一次出现在她面前,将她杀死在楼梯上。在这个过程中,尽管她大声呼救,她的邻居中至少有38位到窗前观看,但无一人来救她,甚至无一人打电话报警。

这件事引起纽约社会的轰动,也引起了社会心理学工作者的重视和思考。人们把这种众多的旁观者见死不救的现象称为责任分散效应。

对于责任分散效应形成的原因,心理学家进行了大量的实验和调查,结果发现:这种现象不能仅仅说是众人的冷酷无情,或道德日益沦丧的表现。因为在不同的场合,人们的援助行为确实是不同的。当一个人遇到紧急情境时,如果只有他一个人能提供帮助,他会清醒地意识到自己的责任,对受难者给予帮助。如果他见死不救会产生罪恶感、内疚感,这需要付出很高的心理代价。而如果有许多人在场的话,帮助求助者的责任就由大家来分担,造成责任分散,每个人分担的责任很少,旁观者甚至可能连他自己的那一份责任也意识不到,从而产生一种"我不去救,由别人去救"的心理,造成"集体冷漠"的局面。

【实训六】 货币返还实验

【实训目的】 潜规则的形成以及完善制度的必要性。

【实训准备】 8~10个人一组,讨论分析:如果是你,你会如何做?

【实训时间】 20分钟。

【活动材料】 20名志愿试验者参与了一个"货币返还"的社会心理学实验。每人可得到100美元的启动初始资金,20人总共2 000美元。规则规定,在无人知情的情况下,所有人将所得全部货币上缴,投入一个箱子。按照设计,每次上缴货币总量会再增加一倍,然后再按人数平均退还给试验者,这样来回往复共计10次。

理想状态下,第一次全部上缴共计2 000美元,增加一倍,就是4 000美元,再返回给每位实验者,每人得200美金,相较于初始的启动资金,集体资产和个人资产同时增加一倍,集体共有4 000美金,个人可多得红利100美金。如果大家遵守规则,十轮下来,整体利益和个人利益均将实现理想状态下的最大化增长,整体的福利将增加到惊人的 2 048 000 美元,个人能得到 102 400 美元,实现集体和个人福利的最大化。

但结果和实验设计的完全不同。

在第一次货币返回中,绝大多数试验者遵守了规则,但也有极个别的试验者违反了规则,并没有或者只是将部分货币返还,最终上缴的总数是 1 800 美金。在这种情况下,第二轮有 3 600 美金发到实验者手里,平均每人获 180 美金,比第一轮开始前增值了 80 美金。按理说,所得货币增加了,试验者应当受到鼓励去遵守规则以实现大家的福利共同增长。然而,第一轮下来以后,没有违规的试验者开始琢磨,为什么返回的不是 200 美金,而是 180 美金?这证明了有人耍滑头,使用"潜规则"(每位实验者退还所得货币是在无人监管下进行)。

某人"私藏"了一部分,因此不公平地获得比其他人更多的货币,但是却造成了整体福利的微下降。第二轮货币返还,应返回货币为 3 600 美元,但是实际返回货币为 3 000 美元,返回率为 83%,低于第一次的 90%。这样总体资产依然上涨到 6 000 美元,每人可以分配到 300 美元。

如果无人使用潜规则,那么每人理论上应该拥有 360 美元的资产,但是每人实际所得为 300 美金,也就是说,与第一轮相比,在第二轮中有更多的人使用了潜规则,更多人开始不遵守规则,因此导致了预期所得和实际所得相差拉大,导致了使用潜规则的人和诚实守信的试验者之间所得差距增加。在第四轮中出现了转折点,本来全额上缴额应为 8 000 美元,但实际为 3 600 美元,实际上缴的总额第一次低于上一轮,上缴率仅为 45%,这显示规则已经被破坏,使用潜规则的已经超过守规则者,而这一轮返回的货币仅为 7 200 美元,平均每人仅得 360 美金,这显示无论是总体福利还是个人福利第一次出现了负增长,恶意地违规和使用潜规则让个人和集体都受到损失。

如果一个完全诚实守信的实验者遵守规则,始终全额返回所得货币,从这一轮起,他受到了不公正的待遇,因为他的诚实守信使其所得不升反降。从第五轮起,制度开始"雪崩",本应上缴为 7 200 美金,实际上缴为 1 800 美金,上交率仅为 25%,显示规则已经被大多数试验者所抛弃,从这个点开始,愿意遵守规则上缴货币的成为绝对少数,成为诚实的"受害者"和遵守规则的"傻瓜",他们仅仅因为遵守规则遭到了逆向的不公平的待遇,第六轮、第七轮上缴费用迅速衰退到零点,潜规则冲破了正当规则,整个制度架构被彻底摧毁。

"制度崩盘"带来的全体损失应该是令我们警醒的,这样的小聪明(使用潜规则,或是把潜规则当作一种制度化的认可机制),就很难真正实现长期的可持续的发展。

有趣的是,这个实验在美国、欧洲都做过,结果居然是惊人的接近。尽管实验者知道,始终遵守规则,最后的获益将远远超过违反规则和使用潜规则,个人的财富将稳步得到最优化的增长。但是无论在哪个国家、哪种文化圈里所做的实验得出的结果都是很接近的,没有一次试验是做到底的,也就是在第十轮以前"制度"就彻底崩溃,一般都是在第六轮到第七轮上缴金额就会下降到百元以下,甚至下降到个位数。这深刻说明了人类的共性和人类心理的软弱和缺失。在一个互相不知道对方行为的且没有监督的"无知之幕"中,大多数人选择了违反规则和违反整体利益以获得个人利益的行为模式。

所以,让健全的制度来遏制人类的"恶"性逐利是多么重要。仅仅在一个20人的社会里,我们就需要完整的规则、制度编码和监督机制。

思考题

1. "女人读书不宜多,因为在男人心目中:大专生是小龙女;本科生是黄蓉;研究生是赵敏;博士生是李莫愁;硕博连读更可怕,就是传说中的东方不败。"为什么女博士会被黑呢?

2. 除了我们在本章中提到的社会效应,你还了解哪些社会心理效应?

书籍推荐

1.《社会心理学》(作者:[美]托马斯·吉洛维奇),本书大胆地打破了传统社会心理学教材的框架结构,建构了范围广泛的知识体系。本书对自我、社会认知、社会归因、情绪、态度、说服、人际吸引、刻板印象、群体、利他与合作等主题的阐释将带来极大的启示,让我们立足社会,洞察人心。

2.《社会学习理论》(作者:阿尔伯特·班杜拉),本书是班杜拉提出的现代社会学习理论的奠基之作,突破了传统的行为主义的理论框架,从认知和行为联合起作用的观点去看待社会学习。作者认为社会学习是一种信息加工理论和行为强化理论的综合过程,因为行为强化理论无法阐明行为获得过程中所产生的内部认知活动,而信息加工理论则把那些行为操作因素忽略掉了。

3.《社会心理学:阿伦森眼中的社会性动物》(作者:埃略特·阿伦森),本书是一部令人兴奋的、有强大吸引力的故事集,突显了社会心理学中你我他都关心的激动人心的话题,系统地分析了诸如攻击性、利他性、同情心、偏见、社会影响、移情与爱等人际交往中最重要的问题。

扫码,查看更多

项目七　会计压力管理篇

名人名言

有压力才会有动力,有动力才能坚持进步。

——雷锋

案例导入

张弛有道,一切方得长远

培训师在课堂上拿起一杯水,然后问台下的听众:"各位认为这杯水有多重?"

有人说是半斤,有人说是一斤。

培训师则说:"这杯水的重量并不重要,重要的是你能拿多久? 拿一分钟,谁都能够;拿一个小时,可能觉得手酸;拿一天,可能就得进医院了。其实这杯水的重量是一样的,但是你拿得越久,就越觉得沉重。这就像们承担着压力一样,如果们一直把压力放在身上,不管时间长短,到最后就觉得压力越来越沉重而无法承担。我们必须做的是放下这杯水,休息一下后再拿起这杯水,如此我们才能拿得更久。所以,各位应该将承担的压力于一段时间后适时地放下并好好地休息一下,然后再重新拿起来,如此才可承担更久。"

理论模块

　　2003 年北京零点市场调查有限责任公司对身处北京的公司白领进行工作压力调查,调查结果显示:41.1％的白领们正面临着较大的工作压力,61.4％的白领正经历着不同程度的心理疲劳,白领们的健康状况令人担忧。而 2005 年在会计从业人员的压力调查中,工作压力程度设计了六个档次,分别是"没有压力"、"略有压力"、"压力明显"、"压力大"、"很大压力"与"极大压力"。调查结果显示,总体上,压力明显(类似于"较大工作压力")以上程度的占 85％,而压力大以上程度的占60％。就北京市而言,压力明显以上程度的占 92％,而压力大以上程度的占 72％。可见,会计人工作压力感受程度远远大于其他白领。

——摘自《2005 年中国会计人压力调查分析报告》

　　心理压力即精神压力,现代生活中每个人都有所体验,心理压力总的来说有社会、生活和竞争三个压力源。压力过大、过多会损害身体健康。现代医学证明,心理压力会削弱人体免疫系统,从而使外界致病因素引起肌体患病。现代生活的压力,像空气一样无时无刻不在挤压着人们。

　　会计人员一直处于微观经济管理工作的风口浪尖上,不论是被企业等组织视为"守门员"的财会人员,还是传统上被称作不吃皇粮的"经济警察"的注册会计师。随着我国经济体制改革的深入与会计变革的加速,会计人工作压力问题逐渐突出。了解会计人员的压力现状不仅是建设和谐社会与和谐会计的应有之义,是一项对会计人员现实的人文关怀,也是保证会计相关工作顺利进行、保证会计工作质量的首要要求。

一、会计人员承受的压力来源

(一)来源于组织的压力

　　企业中有许多因素能引起会计人员的压力感,这包括观念冲突、企业文化等。当会计人员在工作中不得不同时面对相互矛盾的观念时,就产生了观念冲突。例如,上级要求不合法地调节账目,这同会计人员应当依据会计法、按照会计规则处理会计事务相矛盾,而不服从上级指示是组织观念所不允许的,其后果也是会计人员所不希望的。在组织内部服从是保持地位、维持薪水和其他利益的一种代价。会计人员如果同领导的关系处于不良状态时,它就会成为压力的主要来源。

(二) 来源于会计环境的压力

会计环境给予会计人员的压力也是多方面的。会计核算准则与制度的不断发展,计算机系统与会计软件的不断更新,对会计人员的技能要求不断提高,会计人员不得不继续学习"充电",唯恐落后的压力始终存在。社会经济虽然发展趋势很好,会计人员的需求量很大,但是,人才市场上的潜在的会计人员数量庞大,他们的就业问题已经十分突出。这种形势对在岗的会计人员形成强大的岗位压力,也使部分企业领导对会计人员的尊重弱化,对会计机构、会计人员按照规则开展的工作进行不合法、不合理的干预。

(三) 来源于会计人员自身的压力

会计人员自身生活、个人性格修养问题也能引发其个人的压力。一个和睦的家庭能让人身心健康、情绪放松,能够化解许多压力和烦恼,而紧张的家庭生活只能让人萎靡不振,工作效率低下。会计人员的家庭经济如果处理不当或者由于意外事件影响,生存忧虑占位为思考的中心,工作时就无法集中精力,甚至可能产生不合法的会计行为。会计人员的个人秉性差异很大,竞争机制中的利益冲突容易引发同事关系的紧张,处理不当甚至可能产生敌意。

二、压力产生的影响分析

适当的环境压力和工作中考核指标的压力对会计机构、会计人员的工作有积极作用。适度的压力可以使会计人员提高注意力,更加认真、仔细,减少差错,并在一定程度提高工作效率。过度的压力则会使会计人员精神紧张,出现生理、心理和行为的不良症状。会计人员在压力下情绪易于烦躁、失眠,工作效率下降且容易出错,对会计事务的处理经常不当或者拖延处理会计事务,同事关系的紧张会造成工作资源的浪费,会计人员利己主义的强化,直接后果就是会计工作效率低、会计工作质量差。

(一)领导压力影响分析

财务会计报告是表达企业财务状况和经营成果的重要书面材料,其中许多内容和指标对企业领导十分重要。当企业领导为达到企业考核指标或其他目标时,他们就会把压力传递到各个部门,在某些情况下就会对会计机构、会计人员提出不合理或不合法的要求。

面对来自企业领导干预会计事务的指令,会计机构、会计人员接受指令,服从领导完成不合法的会计行为,化解了领导压力的同时,会产生违法乱纪的心理压力。拒绝执行领导指令,在企业组织内的后果则显而易见。在理性经济人的分析基础上,一般来说,会计人员都会执行领导指令,配合实现企业目标或领导要求。在现实生活中,企业领导也不愿看到拒绝指令的尴尬局面,领导把培养、任用信得过、靠得住的"自己人"列为基本领导艺术,关键时刻"自己人"必定全力配合。这时候问题演变成协同进行不合法的会计行为。现实社会中坚持原则的会计人员经常要承受巨大的压力和一系列不公正的待遇,配合领导服从指令的会计人员反而得到领导的器重,这样的事例的较多存在所形成的环境氛围更让会计人员在行为决策上的倾向偏离法规。

(二)会计环境压力影响分析

面对会计新概念的不断出现,知识更新频率增加,知识老化周期缩短,会计人员轻松自如地应对新型经济业务、得心应手地处理会计事务的难度大大增加。广大会计人员积极应对新情况,主动学习新知识。会计人员考试拿证拓展能力,参加各种培训班提高业务技术水平。会计人员的学习队伍是各种专业技术人员中最多、最活跃的一群。近年不断推出的会计新准则、新法规制度相对传统会计思维方法来说具有颠覆性的变革,会计人员都能积极领会、认真学习、及时掌握。会计人员的会计理论基础更扎实,会计事务处理能力更强,会计人员业务素质的整体发展水平比较符合会计管理部门的期望。当然,会计人员大量业余时间用来进行专业修炼，影响了家庭生活，减少了休息时间，还有部分人员长期睡眠不足，身体素质下降。当会计人员面对过多、过重的工作时，能力显得不够、精力表现不足，现实工作表现与期望工作表现的差距令会计人员产生了压力。

（三）会计人员自身压力影响分析

会计人员个人经济需要产生的压力，在会计人员职业道德水平低、法纪观念差时，往往会引发不合法的会计行为，大多数这类行为同贪污盗窃、挪用款项有关。凡是没有建立严密、完整的内部控制制度体系的企业，在凭证传递、资金收支、购销业务、账务处理各个环节的漏洞都很容易为有经济压力且职业道德水平低、法纪观念差的会计人员所利用。会计人员内在的经济压力面对无约束、无监控的现实，在社会经济制度转型、许多人的价值观念向"钱"看的时期，会促使会计人员主动实施不合法的会计行为，掩盖见不得人的违法行径。会计人员进行不合法会计行为前的心理活动是对风险与收益的权衡，风险来自经济、行政或刑事制裁以及名誉损失，从事见不得人的违法活动带来的恐惧等等；收益则得自违法得手的某种利益。风险与收益权衡的结果形成会计人员的行为决策。至于究竟得出何种行为决策，一方面要看内部控制制度的有效性如何；另一方面要看具体的会计人员的素质处于何种水平。当同事之间的关系紧张，工作中得不到同事的支持与帮助，甚至受到排挤时就会感到很大压力。特别是面对加薪、提职等利益竞争时加重了紧张关系。当会计机构中笼罩着不友好的气氛时，会计人员的压力得不到宣泄、分担，个人感到压抑，团队没有协作精神。

对上述会计人员的压力进行分析，可以认为，企业领导的压力和自身经济需要产生的压力是影响会计工作质量的两大主要原因。

三、压力管理和化解压力

由于会计工作中的冲突与压力在所难免，会计人员应当如何学习解决冲突和化解压力。会计人员自身要积极面对压力、分析冲突，不能让压力自行扩展或自我回避，欺骗自己。回避或掩饰冲突，就无法弄清楚冲突产生的根本原因，也就不能找到一个长期有效的化解压力的办法。

　　对于观念冲突、企业文化带来的压力,会计人员要直接面对并积极解决问题。通过自信、理智的态度,以法律、法规为依据,用分析的方法讲道理的步骤,达到保有和谐的工作关系。在日常工作中,要注意为建立和谐工作关系创造条件,了解企业领导的工作风格、性格特点,认识企业文化传统,调整自我努力的方向,减少不愉快局面的形成。会计人员把解决问题的着眼点定位于对事不对人,只要真心诚意恰当处理,压力的化解是可以期待的。当遇到难以解决的问题时,寻求会计管理部门的帮助可以获得有力的支持。

　　对于会计工作中知识更新和业务水平要求方面的压力,会计人员努力学习、不断充电,树立培养自信心。会计人员平时要有会计理论知识、业务技能、相关法律法规学习计划,劳逸结合地有效分配时间,坚持不懈地落实学习计划,理论联系实际搞好会计工作。业务素质提高以后工作起来游刃有余,会计工作压力自然大大减少。

　　对于来自同事关系方面的压力,会计人员应当勇于检查自己的思想认知,克服不健康的想法,发掘工作环境中的积极因素,以积极乐观的态度看待、处理事物,致力于会计人员的友好合作。对于已经形成的冲突,会计人员应当以寻求共赢的思想、温和友善的态度了解他人的诉求,理解他人并调节自己的思路,特别注意要表达善意、消除敌意。会计人员在不断提高业务技能水平、扩充会计理论知识的同时,注意提高个人修养,学习减少冲突、化解压力的方法。会计人员压力较大时,参加化解压力的心理训练班来减轻压力、放松心情是必要的。

几种值得一试的减压方法

1. 一吐为快——取得解脱、支持和指正。

2. 音乐减压——睡前听古典音乐或轻音乐。

3. 阅读书报——缓解压力,增加知识乐趣。

4. 泡热水澡——水温 37 ℃～39 ℃,放松肌肉神经。

5. 大喊大叫、大哭大笑——使情绪发泄,减轻压力。

6. 与人为善——怀恨于心的代价是自己情绪紧张。

7. 嗅嗅香油——有助于舒缓紧张压力。

8. 光线减压——黄色为主,舒缓眼部压力和室内气氛。

9. 食物减压——含有 DHA 的鱼油、富含维生素 B 家族的食物。

10. 写作减压——压力体验,生理、心理上的烦恼。

11. 睡眠减压——旺盛精力才能抵制压力。

12. 免当超人——心理预期低,淡泊为怀,知足常乐。

13. 做些让步——即使你完全正确,让步不会降低身份。

14. 将腿抬高——脚下垫枕 30°～90°,缓解下肢血液循环。

15. 暴力减压,随身带小皮球——郁闷时偷偷捏一捏。

16. 外出旅游——山河令人心醉,烦恼尽消。

 **实训模块**

【实训一】 心有千千结

【实训目的】 让参与者从游戏中体会到协作的重要性,增强团队成员的归属感,激发学生的奋斗精神,认识到合作与奉献对整个团队的成功的促进作用。

【实训时间】 20 分钟左右。

【活动要求】 用时最少的组获胜。

【活动程序】

1. 把全班分为三组,三组同学手拉手围成圆圈,并记住自己的左手和右手边分别拉的是谁,"一定要记住,你左手拉的是谁的右手,右手拉的是谁的左手,不能记错"。

2. 记住后,闭眼(轻柔的音乐响起),当听到主持人说"放手"时,大家立刻放手,并在一定范围内走动,要求是走得越乱越好。当听到主持人说"停"时,大家都立住不动,迅速找到原来左、右手所牵的那两个同学。还是左手牵原来左边那个同学的右手,右手牵右边同学的左手。

3. 当手牵住后，在不能松手的前提下，恢复到起初的完整的圆圈。

4. 再把整个班级合起来围成一个大圆，按照之前的方法解结。

注意：当遇到难以解开的结时，主持人要鼓励小组成员不要放弃，一定可以解开结的！前提是不能松手！

【相关讨论】

1. 生活中是不是会碰到很多结？举个例子，有没有心结？

2. 大家是通过什么方式解开这些结的？有什么体验？

3. 这个游戏可以体现什么？有什么收获？

【实训二】　放飞心灵　拥抱希望

【实训目的】　以轻松活泼的游戏，帮助让学生放松身心，缓解压力；帮助学生了解压力，通过团体成员的讨论与分享，寻找应对压力的有效策略；通过成员相互激励与支持，增强应对压力的信心。

【实训时间】　30 分钟左右。

【活动过程】

1. **热身活动**

大风吹(10 分钟)，轻松气氛，消除心理防卫，初步放松情绪。

(1) 教师组织团体，并自我简介；简介本次活动主要目的：缓解压力，改善状态。

(2) 游戏活动：大风吹。

教师介绍游戏规则：团体成员间隔一定距离，围坐成圈；某一成员 A 指令："大风吹——大风吹——"（富有感染的，可以配以肢体语言）；其他成员接着齐问："吹向哪里呀——?"成员 A 指令吹向具有某种共同特征的一类成员，如"吹向戴眼镜的同学"，或者"吹向 5 月份生日的同学"等；被指令点到的同学要迅速起身抢位子，没有抢到位子者要表演一个节目，之后，作为新的指令者继续游戏。

(3) 教师可以先示范、演练一次，之后组织成员游戏。

(4) 请成员用一句话谈谈自己游戏后的心情。

2. 压力光谱图（20 分钟）

目标：了解自己以及他人的压力情况；交流分享压力对自己学习、生活的影响。

（1）教师请两位志愿者，间隔约 5 米站立，分别代表数字"0"和数字"10"；并说明："0"代表几乎没有学习或生活的压力，"10"代表压力很大（难以承受）。数字"0"到"10"之间即代表压力的连续"光谱"。

（2）请团体成员评估自己的压力大小，并站到"光谱"的相应位置。同样程度压力的成员可站成一排。

（3）请成员相互观察一下，了解自己的压力情况，了解其他人的压力情况。

（4）组织团体成员围坐在一起，交流和分享。

话题一：你的压力情况（0～10 的某一水平）是怎样的？为什么这样评估？

话题二：这种压力对你目前的影响是什么？

注意：教师一定邀请代表数字"0"与"10"的两位志愿者谈一谈，并请团队感谢他们两人做出的贡献；个别成员若有较激动情绪，教师及时给以支持。

（5）教师小结。

了解了自己的压力，也了解了其他人的压力，大家有什么感想？其实，面临一个比较重要的事件，我们都会不同程度地紧张，感到压力，这是自然的事情。面临压力，我们每个人并不"孤单"。

【实训三】 压力事件评估表

【实训目的】 分析、寻找主要的压力事件；交流、分享缓解压力的有效方法。

【实训时间】 20 分钟左右。

【活动内容】

1. 教师为成员分发彩色笔、A4 白纸。成员选择喜欢的颜色，填写《压力事件评估表》（见附一）。

2. 教师指导成员观察自己的《压力事件评估表》，分析哪些压力是离自己很远的，哪些压力是自己想象的（不真实的，删掉它们）。由此筛选出自己最主要、最迫切的压力事件。

3. 请成员自愿分小组交流分享。

话题一：我最主要、最迫切的压力事件是什么？

话题二：我自己尝试的解决方法是什么？效果如何？

话题三：小组总结2～3个有效解决压力的方法。

4. 小组推荐代表，在团队里交流分享。重点分享"有效解决压力的方法"。

5. 教师小结。

在安全的、温暖的团队里，释放我们的压力，本身就是一种疏导；在团队里，我们也可以学习他人的经验；另外，保持自己的生活节奏、适当地进行体育锻炼、平静地接受自己的压力，也是一种不错的方式。

【实训四】　爱与力的传递

【实训目的】　感受团队的支持，感受团队的爱与力量；增强信心，拥抱希望。

【实训时间】　20分钟左右。

【活动内容】

1. 教师示范、指导成员学习"深呼吸"放松，或者在背景音乐下想象放松。（说明：想象放松指导语见附二；若时间有限，可请成员活动后自己练习）

2. 成员围成圈站立，大拇指相连，轻轻地合上眼睛，用想象向其他成员传递自己的爱与力量，同时用心感受其他成员传递的爱与力量。

3. 教师小结。

青春不是灰色的时节，是希望的时节，是收获的时节。每个人将在自己的舞台上，尽情地展示自己的实力，展示自己的风采！所以，放松一下，把自己亮丽地打扮起来，去拥抱希望！

【实训五】　PSTR压力测试表

【实训目的】　压力既可以是你生活的助手也可以变成生活的阻碍。PSTR心理压力测试，帮助你了解自己面临的心理压力程度。

【实训时间】 15 分钟左右。

【活动内容】 仔细考虑下列每一个项目,看它究竟有多少适合你,然后将你对每一个项目的评分,根据下面这个发生频率表列出来。

频率:总是——4　经常——3　有时——2　很少——1　从未——0

项　目	评　分
1. 我受背痛之苦	_____
2. 我的睡眠不定且睡不安稳	_____
3. 我有头痛	_____
4. 我颚部疼痛	_____
5. 若须等候,我会不安	_____
6. 我的后颈感到疼痛	_____
7. 我比多数人更神经紧张	_____
8. 我很难入睡	_____
9. 我的头感到紧或痛	_____
10. 我的胃有毛病	_____
11. 我对自己没有信心	_____
12. 我对自己说话	_____
13. 我忧虑财务问题	_____
14. 与人见面时,我会窘怯	_____
15. 我怕会发生可怕的事	_____
16. 白天我觉得累	_____
17. 下午我感到喉咙痛,但并非由于染上感冒	_____
18. 我心情不安,无法静坐	_____
19. 我感到非常口干	_____
20. 我有心脏方面的毛病	_____
21. 我觉得自己不是很有用	_____
22. 我吸烟	_____
23. 我肚子不舒服	_____
24. 我觉得不快乐	_____

25. 我流汗　　　　　　　　　　　　　　　_____

26. 我喝酒　　　　　　　　　　　　　　　_____

27. 我很自觉　　　　　　　　　　　　　　_____

28. 我觉得自己像要四分五裂了　　　　　　_____

29. 我的眼睛又酸又累　　　　　　　　　　_____

30. 我的腿或脚抽筋　　　　　　　　　　　_____

31. 我的心跳快速　　　　　　　　　　　　_____

32. 我怕结识人　　　　　　　　　　　　　_____

33. 我手脚冰冷　　　　　　　　　　　　　_____

34. 我便秘　　　　　　　　　　　　　　　_____

35. 我未经医生指示使用各种药物　　　　　_____

36. 我发现自己很容易哭　　　　　　　　　_____

37. 我消化不良　　　　　　　　　　　　　_____

38. 我咬指甲　　　　　　　　　　　　　　_____

39. 我耳中有嗡嗡声　　　　　　　　　　　_____

40. 我小便频密　　　　　　　　　　　　　_____

41. 我有胃溃疡的毛病　　　　　　　　　　_____

42. 我有皮肤方面的毛病　　　　　　　　　_____

43. 我的咽喉很紧　　　　　　　　　　　　_____

44. 我有十二指肠溃疡的毛病　　　　　　　_____

45. 我担心我的工作　　　　　　　　　　　_____

46. 我口腔溃疡　　　　　　　　　　　　　_____

47. 我为琐事忧虑　　　　　　　　　　　　_____

48. 我呼吸浅促　　　　　　　　　　　　　_____

49. 我觉得胸部紧迫　　　　　　　　　　　_____

50. 我发现很难做决定　　　　　　　　　　_____

　　总　分　　　　　　　　　　　　　　_____

【PSTR 压力程度分析】

如果你的分数在 43～65 之间, 那么你的压力是适中的, 不必寻求改变生活形态;如果你的分数低于 43 或高于 65,那表示你可能需要调整生活形态。低分者需要更多的刺激;高分者需要减轻压力。

93 分或以上

这个分数表示你确实正以极度的压力反应在伤害你自己的健康。你需要专业心理治疗师给予一些忠告,他可以帮助你消减一些压力帮助你改良生活的品质。

82～92 分

这个分数表示你正经历太多的压力,这正在损害你的健康,并令你的人际关系发生问题。你的行为会伤害自己,也可能会影响其他人。因此,对你来说,学习如何减除自己的压力反应是非常重要的。你可能必须花很多的时间做练习,学习控制压力,也可以寻求专业的帮助。

71～81 分

这个分数显示你的压力程度中等,可能正开始对健康不利。你可以仔细反省自己对压力如何做出反应,并在压力出现时,控制自己肌肉紧张,以消除生理激活反应。老师会对你有帮助,要不然就选用适合肌肉松弛的音乐。

60～70 分

这个分数指出你的生活中的兴奋与压力量也许是相当适中的。偶尔会有一段时间压力太多,但你也许有能力去享受压力,并且很快地回到平静状态,因此对你健康并不会造成威胁。做一些松弛的练习仍是有益的。

49～59 分

这个分数表示你能够控制你自己的压力反应,你是一个相当放松的人。也许你对于所遇到的各种压力,并没有将它们解释为威胁,所以你很容易与人相处,可以毫无惧怕地担任工作,也没有失去自信。

38～48 分

这个分数表示你对所遭遇的压力很不易为所动,甚至是不当一回事,好像并没有发生过一样。这对你的健康不会有什么负面的影响,但你的生活缺乏适度的兴奋,因此趣味也就有限。

27～37 分

这个分数表示你的生活可能是相当沉闷的,即使刺激或有趣的事情发生了,你也很少做反应。可能你必须参与更多的社会活动或娱乐活动,以增加你的压力激活反应。

16～26分

如果你的分数落在这个范围内,也许意味着你的生活中所经历的压力经验不够,或是你并没有正确地分析自己。你最好更主动些,在工作、社交、娱乐等活动上多寻求些刺激。做松弛练习对你没有什么用,但找一些辅导也许会有帮助。

附一:压力事件评估表

使用说明:中间的"笑脸"代表自己,笑脸周围有若干"圆圈"代表你面临的压力事件。圆圈大小代表压力事件的大小,圆圈离"笑脸"的远近代表压力事件的紧迫程度。在圆圈里写上自己的压力事件。不一定所有的圆圈都要填写,根据自己的实际情况填写即可。

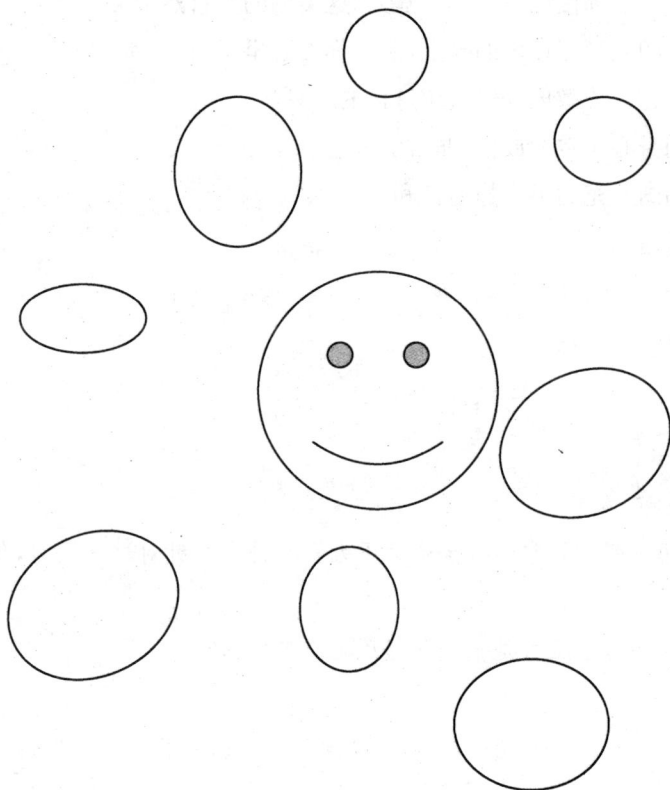

附二:想象放松指导语

请轻轻地闭上你的眼睛

请将你的身心慢慢地放松下来

随着这优美的音乐

你感觉自己仿佛是来到了一片阳光普照的草地上

你缓缓地漫步在这一往无际的草地上

欣赏着满地盛开的鲜花,欣赏着翩翩飞舞的蝴蝶

你看到天空中朵朵的白云飘过;你听到潺潺的流水、动听的鸟叫

此时,你感觉到自己的身心豁然开朗

感觉到整个身心从里到外的一种轻松,一种舒适

请深深地吸一口气——

让淡淡的花香、清新的空气一直渗入到你的心里,渗入到你的每一个细胞

你整个身心都慢慢地、慢慢地融到这美丽的大自然中

那暖暖的阳光照在你的身上,照在你的心里

那略带花香的微风轻轻地拂过你的脸颊

你感到身心非常的放松,非常的舒适

你感到内心充满了宁静与祥和

非常舒适——

非常平静——

非常放松——

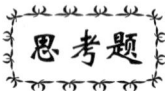

1. 请想一想你日常学习生活的压力源有哪些? 针对这些压力,你是如何应对的?

2. 想一想这些压力是来自外部还是来自内部?

书籍推荐

1.《在心灵牧场上放逐》(作者：柳迦柔)，这是一部心灵励志书籍。"遥望幸福，不如感受幸福。生活的快乐与否，完全取决于个人的心灵感受。"作品从认真品读生活开始，以流水般清澈的文字教导世人学会释放、有效减负，学会做快乐的主人、珍惜生活，学会在拾起和放下之间，享受已经拥有的一切。

2.《秘密花园：一本探索奇境的手绘涂色书》(作者：[英]乔汉娜·贝斯福)，这本被誉为"减压神器"的涂色书自 2015 年 6 月 1 日中文版上市以来，不仅拿下亚马逊多个分类图书的销量冠军，还带动众多成人涂色书的销量，使其成为当下年轻一族最潮的减压方式。能减压的图书，并不只有涂色书。心理指导、励志、运动、饮食等品种的减压图书正在引发读者情感共鸣，成为图书市场的新宠。

扫码，查看更多

项目八 会计创新思维篇

名人名言

距离已经消失,要么创新,要么死亡。

——托马斯·彼得斯

案例导入

剪掉我们的思维之框

据说篮球运动在刚诞生的时候,篮板上钉的是真正的篮子。每次有球投进去的时候,就派个专门的人踩在梯子上把球拿出来。经常因为等拿出球,使比赛断断续续,降低了比赛激烈而紧张的气氛。为了解决这个问题,人们想了很多方法,都不太理想。有位发明家发明了一种机器,在下面一拉就能把球弹出来,不过这样也耽误时间。

终于有一天,一位父亲带他儿子来看球赛。小男孩看到大人们一次次不辞辛劳地取球,感到很疑惑,就问:“为什么不把篮筐的底子去掉呢?”于是,就有了我们今天看到的篮网样式。

思维有时就像篮球被“囚禁”在篮筐里,我们常常需要用一把剪刀,去剪掉那些缠绕我们的思维之框,创新有时可以很简单。

理论模块

创造改变世界,创新改变人生。创新是社会发展的核心,是民族复兴的发动机。在当下"大众创业,万众创新"思潮的引领下,会计如何创新? 在一个企业或公司中,会计是最了解团队经济状况的人之一,对公司的创造利润点,对公司到底是开源还是节流,可能有更清晰的观点。

彼得·尤伯罗斯因为采用"开源节流"的创新办法,扭亏为盈,成功地举办了第 23 届洛杉矶奥运会,被美国《时代周刊》评选为 1984 年度的"世界名人"。他在"节流"方面,主要是尽可能利用现有的场馆,而非新建;即使要新建,也通过出卖广告权实现融资。在"开源"方面,他慎重地选择"赞助"奥运会的厂商,并通过竞标的方式出卖独家播映权和火炬传递接力权等办法,从而实现盈利。

创新思维是人类的高级心理活动。思维是人脑对知识、信息进行加工、处理的活动过程。人是有思维的动物,要实现创新,首先要有创新思维。创新思维是创新能力的核心,是人们创新活动必须具备的最基本的心理素质。创新思维通常指发散性思维,遇到问题时,既不受现有知识的限制,也不受传统方法的束缚,能从不同角度和层面,去思考,去寻找答案。发散性思维主要包括联想、灵感、顿悟、直觉等方面。创新思维具有新颖性、变通性、发散性、独特性和综合性等特点。创新思维是发散思维与集中思维的有机结合,是抽象思维与形象思维的有机结合,是潜意识与显意识过程的有机结合。创新意识强烈的人,大部分都是主动思维的人。他们处处留心自然界中发生的一切,为我所用。从古至今,人类从动植物身上学习,发明创新了许多事物。

人类经过长期的观察和研究,从动植物身上学到很多极其宝贵的启示。人们按照动植物的体型结构和特殊功能,创造发明了性能优异的新型机械系统、仪器设备、建筑结构和工艺流程,这就是仿生学。先人们根据天上飞的、水里游的、地上长的,进行发明创造。比如,鲁班根据蹄齿草,发明了锯子。从鸟的飞行原理,制造了飞机,实现了人类梦寐以求的飞天梦。从模仿鱼的体形做成船体,实现了人类在水上自由行动。通过研究狗的鼻子,人类模仿制成了小型、快速、灵敏的自动分析仪——"电子鼻",现在还研究成功了"电子警犬",可以用来测定毒气,还可以用作侦缉工作。通过研究鱼的呼吸器官——鳃,人类模仿鱼鳃的结构,发明了人在水中呼吸使用的"人工鳃"。人类模仿苍蝇的眼睛,制成了"复眼照相机"。

一、会计创新思维过程

创新思维是对常规的突破,对以往套路的放弃,是对现有规则、模式、方法的超越。会计事业的发展必须有创新思维,创新思维需要靠坚定的信念、顽强的意志,拥有妥善处理各种关系高情商,同时也需要有一个良好的社会环境。会计创新思维过程包括创新性地发现问题和创新性地解决问题。

会计人员创新思维过程可分为三个阶段。第一个阶段为发现问题阶段,能创造性地发现问题是成功的一半。第二阶段为创造阶段,包括准备、顿悟两个步骤。准备工作是意识工作的范围,有意识地思考,当意识没有突破时,潜意识在外界事物刺激或某种媒介的触发下,会突然涌现出新思路,茅塞顿开,柳暗花明,即顿悟。第三阶段是验证阶段。这个阶段是使设想付诸实践的过程,理论要经过实践的检验阶段,通过实践检验才是有意义的创新。

二、影响会计创新思维的因素

传统的社会文化和教育方式常会影响会计的思维方式,影响会计创新思维的因素主要有以下几点。

(一)教育方式的影响

我国传统教育方式中多数以死记硬背,填鸭式的灌输知识,不鼓励创新,简单遵从于书本或制度的规定。"标准答案"、"对错判断"的非黑即白的两极式思维的单向选择,在潜移默化的作用之下,形成思维的单一化通道,创新意识就会不知不觉被抑制在潜意识中,产生高分低能的现象,创新能力极度不足。

(二)舒适区影响

由于会计职业(或职务)的工作技能相对成熟,工作流程相对稳定,某些会计人员在某个职位上工作久了,工作技能掌握了,人际关系顺畅了,从而缺乏危机感和竞争意识,并滋生惰性心理,待在舒适区,不愿面对创新带来的不确定感和焦虑,不想创新。

（三）职业人格的影响

长期以来,会计工作以人的印象是墨守成规、按部就班,会计职业人格是稳定、成熟,常常缺乏创新意识。常规型人格的人喜欢有秩序、安稳的生活,做事有计划;乐于执行上级派下来的任务;讲求精确,不愿冒险;想象力和创造力较差。

三、会计创新思维的培养

会计创新思维表现为下列典型思维方式培养:① 发散思维。发散思维是指从一个目标出发,沿着各种不同的途径去思考,探求多种答案的思维。心理学家吉尔福特认为发散思维是创造性思维的主要成分。其特点是开放的,其结果是不确定的。② 联想思维。联想思维是指运用想象力在不同事物或概念之间建立联系,从而诱发创造性设想的一类思维方法,主要包括强制联想、自由联想、相似联想等方法。联想通过形成回忆、增强记忆、促进推理,使人获取新认识,有助于产生新的思维成果,对于开发创新思维大有益处。例如,从蜘蛛网想到吊桥。③ 直觉思维。直觉思维可称灵感,灵感从某种程度上可以说是潜意识的结果,它一旦出现,就要马上用显意识加以识别、提炼、强化,落实行动,直到真正解决创造问题。其特点是:第一,注意力集中,大脑处于兴奋状态;第二,对问题有长期的思考,潜意识一有机会,就突然顿悟。梦就是潜意识的表现之一,潜意识是我们人类智慧的仓库,在潜意识中潜藏的智慧,不分昼夜、不停地工作着,可以转变为情感或创造的灵感。

四、激发创新思维的方法

首先,建立积极的心理暗示。积极的心理暗示,能够激发思维潜能,提升创新自信心。

其次,创设宽松幽默的氛围。宽松幽默的氛围是激发创新思维的必要条件,在宽松环境下,人才能摆脱传统思想的束缚,开拓创新。

第三,利用顿悟、灵感、梦和冥想等情境。事实证明,许多发明创造都和梦、灵感、顿悟有关,都和潜意识有关,当然潜意识的激发,也是建立在意识准备的基础之上。

现代教育家陶行知先生曾说过:"人类社会处处是创造之地,天天是创造之时,人人是创造之人。"科学家发现,人的大脑组织,通过训练可以使脑组织发生变化,思维训练可以提升人的思维水平。

实训模块

【实训一】 按指导语答题

【实训目的】 打破思维定式,养成做事统观全局的思维习惯。

【实训时间】 10 分钟左右。

【实训准备】 答题材料一人一份,计时器一只。

【实训程序】

1. 分发材料,提示同学注意阅读指导语。

2. 教师提示本次活动需要计时,活动计时开始。

3. 实训体验分享。

【实训材料】

指导语:这是一个需要速度的游戏。一共 25 道题,请先看一遍题目,然后在右边空白纸上按题目要求做题,速度越快越好。做完后请你看自己花了多少时间,能挑战自己以前的记录吗?

1. 在纸左上方写上你的姓名。

2. 在纸的左下方写上你的性别和生日。

3. 将今天的日期写在纸的右上方。

4. 把你生日数字单个相加,把答案写在生日的下面。

5. 把你父母的姓名写在纸中间。

6. 在纸的左边画三个三角形。

7. 在这三个三角形外各画一个正方形。

8. 在纸的右边写上你的和父母的生肖。

9. 在纸左边写上你最喜欢的一道菜。

10. 将你最喜欢的一本书的书名写在纸的右边。

11. 算一下你父亲比你大多少岁？

12. 把你最讨厌的菜写在纸的右下方。

13. 接下来的两题你不用做。

14. 把你第6题画的三个三角形涂黑。

15. 在你最喜欢的菜旁边画个笑脸。

16. 在纸的右下角画个五角星，并全部涂黑。

17. 在纸的左上方写出 54×87 的答案。

18. 写出你喜欢的电影名字。

19. 在你的姓名上画朵花。

20. 写出你喜欢明星的名字。

21. 把题目前的双数题号上画圆圈。

22. 把你最喜欢的东西名字写在纸右边。

23. 看完后你只需要做第1题和最后两题。

24. 数一数当你"恍然大悟"时已做了多少题？

25. 在你的姓名下面写上"打破思维之框我第一"。

【实训二】 创新技法之十二聪明法

【实训目的】 了解创新技法，训练创新思维。

【实训时间】 30分钟。

【实训操作】 8～10人一组，利用"十二聪明法"对电风扇进行创新。

"十二聪明法"简介：

"十二聪明法"也是创造发明的一种检核表，指人们在观察、认识一个事物时，可以考虑是否可以，共12句话36个字。由于它是上海和田路小学进行创造力开发工作的实践总结出来的十二个检核项目,所以又称"和田十二法"。同时由于该技法具有深入浅出、通俗易懂的特点,所以人们又称之为"一点通法"。其检核的具体内容如下:

(1)加一加。

可在现有产品基础上加大、加长、加高、加厚或组合等。

(2)减一减。

可在现有事物基础上减轻、减少或省略等。

(3)扩一扩。

使现有事物放大、扩展,增加功效。例如,电炉扩展为电热毯、"投影"放大等。

(4)缩一缩。

压缩、微化等。例如,雨伞通过折叠缩小、保温瓶缩小成保温杯、晶体管分离元件压缩成集成电路等。

(5)变一变。

改变形状、音色、味道、次序、时间和大小等。例如,绞肉机改变刀片形状,可以磨豆浆。

(6)改一改。

改缺点、改不便之处。例如,把手表改为多功能手表等。

(7)拼一拼。

结果与原因有什么联系?把某些事物拼起来,能帮助我们达到什么目的吗?例如,三色圆珠笔,把多种物品和功能组合起来等。

(8)学一学。

模仿其形状、结构,学先进。例如,根据充电效应原理,发明太阳能电池、太阳能电站等。

(9)代一代。

寻找可替代者。例如,用塑料代替金属、木材;运用磁效应制冷技术代替氟利昂制冷技术,制造无氟环保电冰箱等。

(10)搬一搬。

移作他用。例如,把照相机的镜头装到扩印机上,作为扩放照片的镜头之类的移植手段等。

（11）反一反。

能否颠倒。例如,皮革之类许多都是翻毛商品。

（12）定一定。

定标准,定界限。

【实训三】　个个说谎

【实训目的】　逻辑思维训练。

【实训准备】　8～10个人一组,讨论分析。

【实训时间】　5～10分钟。

【实训内容】　一名医生在寓所被杀,他的四个病人受到警方传讯。

（A）警方根据目击者的证词得知,在医生死亡那天,这四个病人都单独去过一次医生的寓所。

（B）在传讯前,这四个病人共同商定,每人向警方作的供词条条都是谎言。

每个病人所做的虚假供词分别是:

埃弗里:(1)我们四个人谁也没有杀害医生。(2)我离开医生寓所的时候,他还活着。

布莱克:(3)我是第二个去医生寓所的。(4)我到达他寓所的时候,他已经死了。

克朗:(5)我是第三个去医生寓所的。(6)我离开他寓所的时候,他还活着。

戴维斯:(7)凶手不是在我去医生寓所之后去的。(8)我到达医生寓所的时候,他已经死了。

这四个病人中谁杀害了医生?

【逻辑思路解析】　根据(B)从这八条虚假供词的反面可得出以下八条真实情况:

（1）这四人中的一人杀害了医生。

（2）埃弗里离开医生寓所的时候,医生已经死了。

(3) 布莱克不是第二个去医生寓所的。

(4) 布莱克到达医生寓所的时候,医生仍然活着。

(5) 克朗不是第三个到达医生寓所的。

(6) 克朗离开医生寓所的时候。医生已经死了。

(7) 凶手是在戴维斯之后去医生寓所的。

(8) 戴维斯到达医生寓所的时候,医生仍然活着。

根据以上的真实情况(1)、(4)、(8)、(2)和(6),布莱克和戴维斯是在埃弗里和克朗之前去医生寓所的。根据真实情况(3),戴维斯必定是第二个去的;从而布莱克是第一个去的。根据真实情况(5),埃弗里必定是第三个去的;从而克朗是第四个去的。医生在第二个去他那儿的戴维斯到达的时候还活着,但在第三个去他那儿的埃弗里离开的时候已经死了。因此,根据真实情况(1),杀害医生的是埃弗里或者戴维斯。根据真实情况(7),埃弗里是凶手。

【实训四】 孩子的智慧

【实训目的】 发散思维训练。

【实训准备】 8～10个人一组,讨论分析:如果是你,你会如何做?

【实训时间】 10分钟。

【实训内容】 一家三口,夫妻两个和一个6岁的孩子,想在城里租一套房子。他们跑了好几天,也没有满意的房子,想放弃时,又看到一张公寓出租的广告。

他们赶紧跑去,房子非常好。于是,就去和房东谈,表示想租房子。

这时,温和的房东出来,对这三位客人从上到下地打量了一番。

房东遗憾地说:"是这样的,虽然我们在招租,但是,我们的房子不租给有孩子的住户。"

丈夫和妻子听了,非常失望。于是,他们遗憾地走开了。

6岁的孩子看父母失望的样子,灵机一动,跑回去敲房东的大门。

这时,丈夫和妻子已走出几米远,都回头望着。

门开了,房东又出来了。

这孩子理直气壮地说:……

房东听了之后,被孩子的机智逗乐了,决定把房子租给他们住。

想一想:这位 6 岁的小孩子说了什么话,房东才愿意出租房子给他们的呢?

【发散思路解析】 6 岁的孩子说:"爷爷,这个房子我租了。我符合您的条件,您看,我没有孩子,我只带来两个大人。"房东听了哈哈大笑,就把房子租给他们了。

【实训五】 铅笔的用途

【实训目的】 发散思维训练(头脑风暴法)。

【实训准备】 8~10 人一组,每组一张纸和一支记录笔。

【实训时间】 10 分钟。

【总结与分享】 按鼓励与支持的原则,请大家分享自己是如何想到的,老师总结:原来创新我也可以。

注意:老师要把握好活动规则,为同学创造宽松、支持和信任的空间。

【实训六】 创造力倾向心理测试

【实训目的】 了解自己的创造力倾向。

【实训内容】   **威廉斯创造力倾向测验量表**

这是一份帮助你了解自己创造力的练习。回答下列各问题对自己是"完全符合"、"部分适合",还是"完全不符",并在题后的表中相应选项中打"√"。要求每题必做,不要去想,凭第一印象作答,越快越好。

1. 我喜欢试着对事情或问题进行猜测,即使不一定猜对也无所谓。

2. 我喜欢仔细观察我没有见过的东西,以了解详细的情形。

3. 我喜欢变化多端和富有想象力的故事。

4. 画图时我喜欢临摹别人的作品。

5. 我喜欢利用废旧物品(如旧报纸、瓶子、盒子等)做些好玩的东西。

6. 我喜欢幻想一些我想知道或想做的事。

7. 如果事情不能一次完成,我会继续尝试,直到完成为止。

8. 做事情喜欢参考各种不同的材料以便得到多方面的了解。

9. 我喜欢用相同的或老的方法做事情,不喜欢另找新方法。

10. 对问题我喜欢刨根问底。

11. 我喜欢做许多新鲜的事。

12. 我不容易结交新朋友。

13. 我喜欢想一些不会在我身上发生的事。

14. 我喜欢想象有一天能成为艺术家、音乐家或诗人。

15. 我会因为一些令人兴奋的念头而忘了其他的事。

16. 我真想生活在太空站,不想生活在地球上。

17. 我认为所有问题都有固定的答案。

18. 我喜欢与众不同的事情。

19. 我常常想知道别人正在想什么。

20. 我喜欢故事或电视节目中所描写的事。

21. 我喜欢和朋友在一起分享我的想法。

22. 如果一本故事书的最后一页被撕掉了,我就自己编造一个故事把结果补上去。

23. 我长大后,想做一些别人从没想过的事。

24. 尝试新的游戏和活动是一件有趣的事。

25. 我不喜欢受太多规则的限制。

26. 我喜欢解决问题,即使没有正确答案也没关系。

27. 有很多事情我都很想亲自去尝试。

28. 我喜欢唱没有人知道的新歌。

29. 我不喜欢在班上同学面前发表意见。

30. 当我读小说或看电视时,我喜欢把自己想象成故事中的人物。

31. 我喜欢幻想古代人类生活的情形。

32. 我常想自己编一首新歌。

33. 我喜欢翻箱倒柜,看看有些什么东西在里面。

34. 画图时,我很喜欢改变各种东西的颜色和形状。

35. 我不敢确定我对事情的看法都是对的。

36. 对于一件事情先猜猜看,然后再看是不是猜对了,这种方法很有趣。

37. 玩猜谜之类的游戏很有趣,因为我想知道结果如何。

38. 我对机器感兴趣,也很想知道它里面是什么样子,以及它是怎样转动的。

39. 我喜欢可以拆开来的玩具。

40. 我喜欢想一些新点子,即使用不着也无所谓。

41. 一篇好的文章应该包含许多不同的意见和观点。

42. 为将来可能发生的问题找答案,是一件令人兴奋的事。

43. 我喜欢尝试新的事情,目的只是为了想知道会有什么结果。

44. 玩游戏时,我通常是重在参与,而不在乎输赢。

45. 我喜欢想一些别人常常谈过的事情。

46. 当我看到一张陌生人的照片时,我喜欢去猜测他是一个什么样的人。

47. 我喜欢翻阅书籍及杂志,但只想大致了解一下。

48. 我不喜欢探寻事情发生的各种原因。

49. 我喜欢问一些别人没有想到的问题。

50. 无论是在家里还是在学校,我总喜欢做很多有趣的事。

威廉斯创造力测验量表

题　目	完全符合	部分符合	完全不符	题　目	完全符合	部分符合	完全不符
1				12			
2				13			
3				14			
4				15			
5				16			
6				17			
7				18			
8				19			
9				20			
10				21			
11				22			

题 目	完全符合	部分符合	完全不符	题 目	完全符合	部分符合	完全不符
23				37			
24				38			
25				39			
26				40			
27				41			
28				42			
29				43			
30				44			
31				45			
32				46			
33				47			
34				48			
35				49			
36				50			

说明: 本量表共 50 题,其中:

Ⅰ.冒险性 11 题(1、5、21、24、25、28、29、35、36、43、44),其中 29 和 35 为反面题目。

Ⅱ.好奇性 14 题(2、8、11、12、19、27、33、34、37、38、39、47、48、49),其中 12 和 14 为反面题目。

Ⅲ.想象力 13 题(6、13、14、16、20、22、23、30、31、32、40、45、46),其中 45 为反面题目。

Ⅳ.挑战性 12 题(3、4、7、9、10、15、17、18、26、41、42、50),其中 4、9、17 为反面题目。

评分标准: 正面题目完全符合 3 分,部分符合 2 分,完全不符 1 分;反面题目完全不符 3 分,部分符合 2 分,完全符合 1 分。

计算自己的得分,得分高说明自己的创造力强,得分低说明创造力有待提高。

思考题

1. 美甲师说,我宁愿给十个瘦子美甲,也不愿给一个胖子美甲,为什么?

2. 两个教徒在祈祷时,突然烟瘾犯了,想抽烟。

其中一个问神父说:"我们可以在祈祷时,抽烟吗?"

神父说:"不可以。"

两个人很失望。突然,另一个人说:"＿＿＿＿＿＿＿＿＿＿＿＿＿＿＿?"

神父说:"当然可以"。

问:另一个人到底说了什么呢?

书籍推荐

1.《逻辑思维,只要五步》(作者:[日]下地宽也),干事儿没逻辑,再累也是白忙活! 只需轻松五步,摆脱无效沟通、不停返工。详尽图表、简单易行,让你快速表达自己、理清头绪和关系、避免漏洞和重复、找到切入点和关键点、问题迎刃而解!

2.《逻辑思维训练500题》(作者:于雷),10种常用的逻辑思维方法,配合精挑细选的 500 个世界经典的思维训练题目,让大家冲破思维定式,从不同的角度看问题,并养成用逻辑思维去思考问题的习惯。

3.《好奇心》(作者:[美]托德·卡什丹),积极心理学核心人物,好奇心研究第一人,探索充满创造力的人。《好奇心》融合了最前沿的积极心理学理论和最激励人心的故事,将改变你对待新机遇的方式。当你犹豫不决,无法鼓足勇气继续探索人生时,这本书正是你最需要的。

扫码,查看更多

项目九　会计能力培养篇

　　一个人追求的目标越高,他的能力就发展得越快,对社会就越有益。我确信这也是一个真理。

——高尔基

案例导入

发现自己的潜力

　　在一次课上,老师在桌子上放了一个罐子。然后又从桌子下面拿出一些正好可以从罐口放进罐子里的"鹅卵石"。当老师把石块放完后问他的学生道:"你们说这罐子是不是满的?""是。"所有的学生异口同声地回答说。"真的吗?"老师笑着问。然后再从桌底下拿出一袋碎石子,把碎石子从罐口倒下去,摇一摇,再问学生:"你们说,这罐子现在是不是满的?"这回他的学生不敢回答得太快。最后班上有位学生怯生生地细声回答道:"也许没满。""很好!"老师说完后,又从桌下拿出一袋沙子,慢慢地倒进罐子里。倒完后,于是再问班上的学生:"现在你们再告诉我,这个罐子是满的呢? 还是没满?"

　　"没有满。"全班同学这下学乖了,大家很有信心地回答说。"好极了!"老师再一次称赞这些"孺子可教也"的学生们。称赞完了后,老师从桌底下拿出一大瓶水,把水倒在看起来已经被鹅卵石、小碎石、沙子填满了的罐子。当这些事都做完之后,老师正色问他班上的同学:"我们从上面这些事情得到什么重要的信息?"说到这里,这位老师故意顿住,用眼睛向全班同学扫了一遍说:"我想告诉各位最重要的信息是,如果你不先将大的鹅卵石放进罐子里去,你也许以后永远没机会把它们再放进去了。"

我们的能力就像一个罐子,看着好像已经装满了,其实还有很多没有发掘,在平时学习中确定目标后要围绕核心能力培养其他能力。

理论模块

随着我国经济的快速发展,企业之间的竞争越来越激烈,对各类专业人才尤其是会计类人才的综合能力要求也越来越高,从会计工作的实际需求来看,会计能力包括专业技术能力与实践运用能力。会计作为一种实用性很强的专业,要求会计从业人员能把会计理论知识转化为实践。同时实践能力要求会计人员利用所学知识,结合工作实际,根据会计准则和会计法规及制度的相关要求,熟练进行会计分析、会计核算和会计检查。

有个鲁国人擅长编草鞋,他妻子擅长织白绢。他想迁到越国去。友人对他说:"你到越国去,一定会贫穷的。""为什么?""草鞋,是用来穿着走路的,但越国人习惯于赤足走路;白绢,是用来做帽子的,但越国人习惯于披头散发。凭着你的长处,到用不到你的地方去,这样,要使自己不贫穷,难道可能吗?"一个人要发挥其专长,就必须适合社会环境需要。如果脱离社会环境的需要,其专长也就失去了价值。因此,我们要根据社会的需要,决定自己的行动,更好地去发挥自己的专长。

能力,是完成目标或者任务所体现出来的素质。人们在活动中表现出来的能力有所不同,能力是指顺利完成某一活动所必需的主观条件。能力是直接影响活动效率,并使活动顺利完成的个性心理特征。一般能力是在很多基本活动中表现出来的能力,它适用于广泛的活动范围。例如,观察力、记忆力、注意力、想象力、抽象思维能力等等。在西方心理学中把一般能力称为"智力"。特殊能力是表现在某些专业活动中的能力,它只适用于某种狭窄的活动范围。例如,节奏感受能力、色彩鉴别能力、计算能力、飞行能力等等。每个人所具有的能力都不仅仅是一种,而是多方面的。对于个体来说,在其所具有的各种能力中,总有一般的能力和较差的能力,也有相对来说较强的能力,即每个人的能力都是多种能力以特定的结构结合在一起的。由于不同人的能力结构不同,因而能力在类型上便形成差异。

会计能力是在财务活动中影响财会工作能否顺利开展、工作效率高低的个性心理特征。会计个体的基本能力可分为认知能力和应变能力两种。基本的认知能力是指其在财会活动中所表现出来的敏锐的观察力、高度的注意力、再造想象的能力、丰富的联想能力,以及优良的思维能力等认知方面的能力。但在财会的实践中,任何一种单一的认知能力都是有所欠缺的,只有使它们共同参与、有机结合,才能审时度势地发挥出高效率,从而顺利实现财会的目的,这就要求会计人员具备其本职工作所需的应变能力。它是会计各种认知能力的有机结合和核心体现。

会计人员要具有敏锐的观察力,通过对原始凭证的审核以及财务活动中的一些现象的变化中,进行系统的知觉、思考,从而分析其实质。也就是说,会计人员敏锐的观察力就在于捕捉一系列的现象变化,并通过现象探测其实质。

一、能力的本质和意义

能力是完成某种活动所必需的并直接影响活动效率的个性心理特征。能力总是存在于个体的具体活动之中,离开了具体活动,就无所谓能力,所以,人们总是从活动的角度来理解能力的。只有那种直接影响活动的效率,并且使活动的任务能够顺利完成的心理特征才是能力。为保证完成任何活动。仅凭一种能力还是不够的。要成功地完成某一种活动,必须有多种能力的结合,在活动中各种能力的质的方面的结合就叫作才能。

不同的才能是由各种不同的能力结合而成的。而各种能力又分为一般能力和特殊能力两种。例如,像思维品质或记忆品质这一类的心理特征,就适用于广泛的范围,是多种活动所必需的,因此是一般的能力。而那些只有在特定的活动领域内才有意义的能力就是特殊的能力。当然,一般能力和特殊能力的区分不是绝对的。在同一活动领域中,由于具体的活动性质与条件的不同,也有一般与特殊的区别。要顺利地从事活动,必须具有一般能力,又具有特殊能力。一般能力的发展,为特殊能力的发展创造了有利条件;而在活动中发展相应的特殊能力的同时,也就发展了一般能力。特殊能力是一般能力在具体活动中的特殊表现,要培养一般能力,也要培养特殊能力,它们都是形成才能的基础。要力争达到创造性地独特地使用自己各种能力,去出色地完成各项活动或工作任务。

能力与知识、技能既有区别又有联系,它们之间是相互制约的。能力是为顺利完成活动而在个体身上经常、稳定地表现出来的心理特征,它是在个体身上固定下来的概括化的东西。知识是人类社会历史经验的总结。对个体来说它是实践的结果,并以思想内容的形式为人们所掌握。技能是实际的操作技术,是训练的结果,并以行为方式为人们所掌握。能力与知识、技能是不同的概念,不能混淆。知识、技能的掌握一般来说比较快,而能力要靠多方面的知识与技能作基础,通过反复多次的练习才能形成。因此,能力的掌握比较慢。

能力与知识、技能也是密切联系着的。知识、技能是能力形成的基础,并能促进能力的发展。例如,学生在教育的影响下,有了一定的知识、技能,在掌控系统的科学知识的同时,也就发展了他的分析、综合和抽象概括等智力活动的能力。人们要想成功地以致创造性地完成某项活动任务,固然靠他的能力,但也要靠他的知识、技能。可见,能力的发展是在掌握和运用知识、技能的过程中完成的,离开学习和训练,什么事情都不做的人,他的能力是得不到发展的。可见,知识、技能是能力形成的基础,并能促进能力的发展。另外,能力在一定程度上决定着知识、技能可能取得的成就,即掌握知识、技能的难易和速度依赖能力本身的发展。例如,某种能力发展水平较高的人,就能迅速地、顺利地掌握有关知识、技能。

能力和知识、技能密切联系着,它们之前的关系是互相制约的。掌握知识、技能以一定的能力为前提,能力制约着掌握知识技能的快慢、深浅、难易和巩固程度,知识、技能的掌握又会导致能力的提高。区分能力与知识、技能,在实践中具有重要意义。有时,一个会计人员不能很好地去完成一项具体的财务工作,不是因为不具备此种能力,而是因为不具备该项工作的知识和技能,只要迅速地去解决了知识、技能问题,就会很快地完成某种任务。另外,关于考虑能力如何评估、评价系数如何确定的问题时,对技能、知识的评价不能取代创意性成果,不能将知识、技能的评价高度凌驾于创新意识、创新动力及创新成果之上,尽管创新成果还不完善,还有许多待改进的地方。目前,相当多的会计人员只重视知识、技能的学习,为考职称和资格证书耗费了大量时间和精力,而忽略了创新意识的培养,是本职工作因循守旧,年复一年的运作而毫无创意和建树,这是十分令人遗憾的事。能力的形成依赖于一定的自然基础——素质。素质是能力发展的自然前提,离开这个物质基础就谈不到能力的发展。能力是在素质基础上产生的,但素质不等于能力,素质也不能宿命的预先决定一个人的能力。如果一个人具有优秀的素质,但他不去从事相应的活动,没有必要的教育和训练,那么他的能力就难以发展起来,能力只有在个体的生活和工作实践的条件下才能形成和发展起来。素质同大脑和感官的微观结构,同大脑皮层细胞群的配置,同神经细胞层结构的个体特点有关,它们都对能力的发展起制约作用,但不能起决定性作用。素质是能遗传的,但不能从素质的遗传,推论出能力也能遗传。遗传素质和客观环境对能力的形成都有重要的作用,但关键在于实践。能力受遗传素质的制约,也受个体生活实践及社会历史条件所制约。

二、能力的结构

能力的结构是指能力包括些什么因素,即它是由什么成分构成的。能力是具有复杂的心理特征的总和。研究能力的结构,分析能力的构成因素,对于深入理解能力的本质,合理地确定研究能力问题的原则,以及科学地拟定能力培养的计划,都是很有必要的。

能力结构的理论学说很多,它们大部分是以能力测量中不同的因素分析方法为基础的,如英国心理学家和统计学家斯皮尔曼(1863—1945)提出了能力的二因素结构。这个学说认为,能力是由一般因素(g)和特殊因素(s)构成的。而美国心理学家塞斯登提出了群因素说,他认为能力是由许多原始能力所构成的,大多数人的能力可以分解为七种原始的因素。这些因素是:计算、词的流畅性、言语意义、记忆、推理、空间知觉和知觉速度。他对每种因素都设计了测验,测验结果证明人的智力结构存在一般因素,看出各种能力因素并不是绝对割裂的,智力的结构绝不是单一的机能,而是极为复杂的具有许多侧面的能力构成的。

以上两种学说在历史上对能力结构的认识都有其积极的作用。但是,它们虽然看到一般因素与特殊因素的作用,却把两者绝对地对立起来,没有从人的实际活动中认识一般能力与特殊能力的辩证关系。美国心理学吉尔福特提出了"智慧结构"学说,在他看来,智力结构应该从操作、内容和产品三个维度去考虑。操作就是智力活动过程的一种性质,包括认知、记忆、分散思维、复合思维和评价五种智力活动的类型;智力活动的内容包括图形、符号、语意和行为四种;智力的第三个变项是产品,即智力活动最后的结果,包括单元、门类、关系、系统、转换和含蓄六个方面。吉尔福特的智力三维结构,推动人们更加细致、更加深入地分析一个人的能力,是对智力结构的一种深入,还可以用于对创造力的研究,它为心理学的分析敞开了大门,在理论与实践的方面是具有一定意义的。

三、能力的测量

能力测量,也叫心理测验,测验方法可以分为不同的类别。按测验的方式可以分为个人测验和团体测验;按测验内容可以分为文字测验和非文字测验;按能力的分类可以分为一般能力测验和特殊能力测验。

(一)一般能力测验

各种类型的心理测验,一般都包括相当数目的不同测验条目或作业。根据被试者所完成的作业的数目,就可以确定测验的分数。一般来说,在编制测验时应遵循以下四条原则:

(1)测量目的是了解一个人的智力发展情况,不是测量知识、技能,因此,测量的条目应属于智力的性质,尽量避免单纯测量一般的知识与技能;

(2)编制的条目内容要考虑使用的范围与水平,适合编制对象的语言、习惯和发展情况;

(3)条目内容要有尽量大的普遍适用性,避免不同性别的兴趣、习惯带来的困难;

（4）测验的条目应标准化，任何条目的编制都必须有足够多人数的取样。

（二）特殊能力测验

所谓特殊能力，是指从事某种专业活动的能力。特殊能力测验，即是指对这些能力的测定。

要测定特殊能力，就需要对该活动进行分析，找出它所要求的心理特征，列出测验项目，进行测验的设计。特殊能力的测验可以及早发现特殊才能，因材施教，并能充分发挥潜力，使人尽其才，才尽其用。

四、能力的个别差异

能力的个别差异表现在质和量两个方面。质的差异除了表现在各个人可以具有不同的特殊能力外，还表现在完成同一种活动，不同的人可能采取不同途径或能力的不同结合，称为能力的类型差异；量的差异表现在能力发展水平和表现得早晚上。

（一）能力的类型差异

能力类型的个别差异主要表现在认识过程的那些稳定的心理品质上。具体包括下列几个方面：

在知觉方面，一些人的知觉属于综合性，其特点是富于概括性和整体性，但分析方面较弱。一些人的知觉属于分析型，其特点有较强的分析力对细节感知清晰，但整体性不够好。一些人的知觉兼有上面两种类型的特点，属于分析综合型。

在表象活动方面，一些人视觉表象占优势，另一些人听觉表象占优势，还有一些人运动表象占优势，也有一些人几乎在同等程度上运用各种表象。这样，表象的类型相应地就可以分为视觉型、听觉型、动觉型和混合型四种。

在记忆方面，一些人运用视觉识记较好，另一些人用听觉识记较好，还有一些人在有运动觉参加的识记较好，也有一些人运用多种记忆表象识记较好。这样，记忆的类型相应的也可以分为视觉型、听觉型、运动型和混合型四种。

在语言和思维方面,由于高级神经活动类型的不同,两种信号系统活动特点的不同,就使得一些人言语特点是形象的、情绪的因素占优势,属于生动言语类型或形象思维型;一些人的言语特点是概括的逻辑的联系占优势,属于逻辑联系的言语类型或叫抽象思维型。绝大多数的人兼有这两种类型的特点,称为中间型。

上面谈到的能力类型的个别差异,是指在认识过程中稳定品质方面的个别差异。它们都表现了在完成同一种认识活动的时候,不同的人可以有不同的心理途径,去完成同一种活动。但除此以外,能力类型的差异还表现在完成同一活动可以由能力的不同结合来保证。不同的人,可能在心理上从不同的途径达到相同的实际结果,这种情况就把个体发展能力的可能性越来越扩充了。

(二)能力发展水平和表现早晚上的差异

这个是讲能力的个别差异在量的方面的表现。

首先,是能力发展水平的差异。各种能力都有发展水平的不同,在相同条件下,如果一个在某种活动中表现出有较别人为好的成就,就表示他具有较高的能力。与此相反,一些人活动的效果不好,一般说他是一个在某方面能力低下的人。总之,能力的发展水平是有高有低的。能力发展水平很高者一般分为两类:一类是比较全面发展的人;另一类是比较单向发展的人,这类人成就面比较窄,但能把某一方面的才能发展比较突出,做出的贡献比较大。与能力发展高水平相反,也有能力低下的人。智力落后是能力低下的一种特殊情况,一般属于病理的范围。

其次,能力的个别差异不仅表现在发展水平高低上,还表现在能力发展的早晚上。"才能的早期表现"也叫"人才早熟"。才能的早熟虽与素质有一定的关系,但主要还是环境的影响,家庭教育和个人活动的结果。能力晚期表现,其基本原因是后天主观的努力学习和反复实践的结果。

很多人都知道"功夫之王"李小龙的功夫十分了得,但很少有人知道,李小龙本来是有先天缺陷的。中国功夫历来讲究"眼观六路,耳听八方",眼睛不好为练武之大忌。可李小龙从小就是近视眼,他曾十分坦诚地说:"因为我从小就近视,所以我从咏春拳学起,因为它最适合做贴身战斗。"还有,他的两脚不一样长,右脚比左脚短 5 厘米。也正因为如此,他左脚专事远踢、高踢,如狂风扫叶,右脚专事短促的阻击性踢法或隐蔽性踢法,近身发脚如发炮。同时,两脚的不一致使他摆出的格斗姿势优美别致、独具特点,成为一种武术流派的典型。李小龙正是在分析了自身客观条件的基础上,发挥自身优势,限制或排除了不利条件的影响,才形成了独具一格的武术风格,成为国内外都掀起了"中国功夫热"的"功夫之王"。

在当今以互联网为主的信息化时代,会计从业人员要充分做好接受信息化时代挑战的准备,通过自身学习与相关培训不断提升自己的专业技术能力和实践运用能力。经济越发展会计越重要,我国经济发展需要会计人员不断学习新知识,吸收新观念,提高自己的综合能力,树立终身学习的理念,培养现代化的会计信息处理能力,培养和提高会计人员的创新能力,时刻关注我国和国际会计准则相关内容的更新与变化,能迅速掌握和接受新事物,利用现代化设备和手段完成会计工作,形成高效、快捷的工作能力。

实训模块

【实训一】 五毛和一块

【实训目的】 反应及行动能力训练。

【实训时间】 20 分钟。

【活动准备】 10 人一组,计时器一只。

【活动程序】 在游戏中,男生是一块,女生是五毛。游戏开始前,两组分别站成一排,裁判宣布比赛开始,并且说出一个钱数(比如 3 块、5 块、7 块等),两组成员就要在最短时间内组成那个钱数。反应最快并且钱数正确的队伍获胜。

【评分标准】 最先完成得 3 分,其后 2 分,以此类推。

【实训二】　传递多位数字

【实训目的】　团队合作能力训练。

【实训时间】　20 分钟。

【实训操作】　6~8 人一组,偶数队,裁判员一名,计时员两名。

【实训简介】

1. 每一队队员按纵列队形排好。

2. 由裁判指定一个多位数字,如 8516,把数字告知每一队的最后一名队员,由这个队员将数字传递给前一个队员,依此类推。

3. 最后一个队员将所了解的数字写在纸上上交裁判员,以数字准确、传递时间最少为胜利队。

4. 传递数字时不能运用有声语言,以培养队员的创新意识和团队精神。

【实训要求】

1. 不能用有声语言说出数字,包括普通话、方言、英语等,也不能用特定词汇来代替数字。

2. 不能使用手机。

3. 前一个同学不能回头看后一个同学。

4. 后一个同学不能把数字写在手上或纸上,给前一个同学看,也不能在前一个同学的身体上写出数字,也不能做出相关的手势给前一个同学看。

5. 传递数字必须一个同学向前一个同学传递,不能由最后一个直接传递到第一个同学。

【实训三】　"听与说"

【实训目的】　语言表达能力训练。

【实训准备】　6 人一组。

【实训时间】　20 分钟。

角色分配:

1. 孕妇:怀胎八月。

2. 发明家:正在研究新能源(可再生、无污染)汽车。

3. 医学家:经年研究艾滋病的治疗方案,已取得突破性进展。

4. 宇航员:即将远征火星,寻找适合人类居住的新星球。

5. 生态学家:负责热带雨林抢救工作。

6. 流浪汉。

【实训背景】

私人飞机坠落在荒岛上,只有 6 人存活。这时逃生工具只有一个只能容纳一人的橡皮气球吊篮,没有水和食物。

【实训方法】

针对由谁乘坐气球先行离岛的问题,各自陈诉理由。先复述前一人的理由再申述自己的理由。最后,由大家根据复述别人逃生理由的完整与陈述自身理由充分的人,自行决定可先行离岛的人。

【实训四】 室内讲解

【实训目的】 综合能力训练。

【实训准备】 5 人一组,准备一段自己熟悉的导游词。

【实训时间】 20 分钟。

【实训要求】 结合景点讲解。

【案例说明】

淮安周恩来纪念馆导游词(节选)

周恩来纪念馆位于古城淮安北门外夹城内的桃花垠,距离周恩来故居约两华里。馆区由纪念岛、宽阔的水面和湖四周环形绿地组成,总面积有三十五万平方米,其中百分之七十为水面。岛上建有主馆和附馆,总建筑面积为 3 265 平方米,其中主馆 1 918 平方米,附馆 1 345 平方米,是由南京大学齐康教授负责总体设计,整个建筑既考虑到我国民族传统风格和本地特色,又注意吸取当代建筑的先进技术。

主馆分三层。底层为陈列厅,里面以丰富而翔实的图片、实物和电视显示屏,来展示周恩来总理光辉灿烂的一生。沿南边 51 级台阶就来到了二层瞻仰大厅。周恩来 1921 年 23 岁时在法国巴黎加入中国共产党,当 1949 年新中国成立时他被任命为政务院总理兼外交部部长,时年正好是 51 岁。大厅内设周总理全身汉白玉座像一尊,连基座高 4.7 米。纪念厅的蓝色天棚可以让阳光直接射到四米多高的汉白玉坐像上,像的四周由鲜花、长春盆景簇拥,寓意着周恩来是一位顶天立地的伟人。三层为观景台,远眺可望古城和馆区风景。如果从上往下看,可见牌楼式的景门和人字形附馆合起来,正好是"八一"的图形,寓意周恩来领导八一南昌起义之意。附馆建筑呈人字形,面对主馆呈拱卫之势,体现了周恩来是人民的好总理,他永远活在人们的心中。附馆共两层,二楼主要是办公用房,底层设有名人字画厅和影视厅。字画厅陈列展出国内外知名人士和书画大家为周恩来纪念馆捐赠的书画作品,影视厅主要放映周恩来生平业绩的影视片。

主馆前的广场上,半圆形的草坪上有一圆形水泥平面,广场如半月,圆形的水泥平面似一轮红日,寓意周恩来光辉业绩与日月同辉。与纪念馆正面隔湖相望的是瞻台,其和主馆、附馆在一条中轴线上,它由廊亭和高达 16 米的剑碑组成。周恩来铜像广场上的周恩来铜像高度为 7.8 米,其中底座 3.6 米,像身高 4.2 米,总高度寓意伟人周恩来走过的 78 个光辉的人生春秋。基座上"周恩来同志"五个金光闪闪的大字是由江泽民同志于 1997 年 12 月 31 日题写。

仿西花厅是经中共中央批准,江苏省委省政府向周恩来百年诞辰的献礼工程,它是 1997 年 1 月 19 日奠基开工,1998 年 3 月 5 日周恩来百年诞辰时建成并对外开放的。它和湖对面的剑碑、半岛上的周恩来纪念馆、周恩来的铜像建在同一条轴线上,建筑面积有六千多平方米。周恩来是 1949 年 9 月住进西花厅的,一住就是 26 年。1976 年和 1992 年,周恩来、邓颖超这两位伟人相继去世。经中央批准,在周恩来百年诞辰时,在他的故乡淮安仿制了西花厅,再现周恩来生前工作、休息和会见国宾的场景,陈列周恩来生前的遗物,让广大人民群众可以瞻仰凭吊。前客厅是周恩来当年会见外宾、举行重要国事活动的主要场所。仿西花厅院内由西向东依次是周恩来的活动室、办公室、总理卫士值班室、会客厅、邓颖超卧室、邓颖超办公室和周恩来卧室,两边厢房分别为周恩来身边工作人员、周恩来亲属和烈士子女的用房。

馆区建筑都由花岗岩外贴面,地由青灰水泥方砖铺盖,全部采用青、白两种颜色,象征周恩来一生两袖清风、清清白白。今天,周恩来纪念馆已成为举世瞩目上、万众敬仰的丰碑,开放多年来,已接待了近千万中外宾客,桃花垠重现了昔日的辉煌,处处留下了怀念伟人的游人足迹。

【实训五】 疯狂的字母

【**实训目的**】 团体合作能力训练。

【**实训准备**】 6～10人一组,小纸条、笔。

【**实训时间**】 15分钟。

【**实训方法**】

第一轮:小组成员派一个代表抽出一个工作者提前准备的26个字母中的两个,然后用最短的时间摆出这个字母。

第二轮:小组成员派一个代表抽出一个工作者提前准备的一个单词,然后用最短的时间摆出这个单词。

【实训六】 学习能力自我诊断量表

【**实训目的**】 了解自己的学习能力。

学习能力自我诊断量表

本测验共有25道题,每道题都有5个备选答案,请根据自己的实际情况,在题目后圈出相应的字母(每题只能选择一个答案)。这5个字母代表的意思是:A——很符合自己的情况;B——比较符合自己的情况;C——很少符合自己的情况;D——基本不符合自己的情况;E——很不符合自己的情况。

1. 记下阅读中的不懂之处。   A B C D E

2. 经常阅读与自己学习无直接关系的书籍。 A B C D E

3. 在观察和思考时,重视自己的看法。   A B C D E

4. 重视做好预习和复习。   A B C D E

5. 按照一定的方法进行讨论。   A B C D E

6. 做笔记时,把材料归纳成条文或图表,以便理解。 A B C D E

7. 听人讲解问题时,眼睛注视着讲解者。 A B C D E

8. 利用参考书和习题集。　　　　　　　　　　A B C D E

9. 注意归纳并写出学习中的要点。　　　　　　A B C D E

10. 经常查阅字典、手册等工具书。　　　　　　A B C D E

11. 面临考试,能克服紧张情绪。　　　　　　　A B C D E

12. 认为重要的内容,就格外注意听讲和理解。　A B C D E

13. 阅读中若有不懂的地方,非弄懂不可。　　　A B C D E

14. 联系其他学科内容进行学习。　　　　　　　A B C D E

15. 动笔解题前,先有个设想,然后抓住要点解题。　A B C D E

16. 阅读中认为重要的地方,做上记号。　　　　A B C D E

17. 经常向老师或其他人请教不懂的问题。　　　A B C D E

18. 喜欢讨论学习中遇到的问题。　　　　　　　A B C D E

19. 善于汲取别人好的学习方法。　　　　　　　A B C D E

20. 对需要记牢的公式、定理等反复进行记忆。　A B C D E

21. 观察实物或参考有关资料进行学习。　　　　A B C D E

22. 听课时做好笔记。　　　　　　　　　　　　A B C D E

23. 重视学习的效果,不浪费时间。　　　　　　A B C D E

24. 如果实在不能独立解出习题,就看了答案再做。　A B C D E

25. 能制定出切实可行的学习计划。

【计分与评价】

　　统计你所圈出的各个字母的次数,每圈一个 A 得 5 分,B 得 4 分,C 得 3 分,D 得 2 分,E 得 1 分。把你所得的分数全部相加,算出总分,再对照下方的评价表,就能了解自己的学习技能水平。

得　分	评　定
50 分以下	很差
51~64 分	较差
65~85 分	一般
86~100 分	较好
101 分以上	优秀

思考题

1. 你认为会计从业人员必须具备的能力有哪些？

2. 如何提高会计从业人员的能力，新形势下还应培养哪些能力？

书籍推荐

1.《财报就像一本故事书》（作者：刘顺仁），读完本书你能清楚地认识哪些人是在做"对"的事情，以增加企业的价值；哪些人是在做"错"的事情，会降低或摧毁企业的价值。

2.《财务报表分析》（作者：黄世忠），本书从审计的角度来分析财务报表，穿插一些著名的案例，比如分析 TCL 集团整体上市采用权益法美化报表、美国在线的巨额商誉、世通捏造利润等等，非常精彩。

3.《领悟国学智慧　提升职业素养》（作者：金迪），本书是一本根植于国学精髓的职场素养提升手册。国学乃智慧之源泉，一朝掬饮，受用终生。感悟国学之博大精深，体察万物之玄变微妙，参省为人中庸之道，实践经世致用之学，修为兼济天下之大德，更可练达成就职业之素养。

扫码，查看更多

项目十　会计品德塑造篇

名人名言

一个人的成功,不只取决于他的智力因素,更重要的是取决于他的品德修养等非智力因素。

——爱因斯坦

案例导入

从小事做起,做一个品德高尚的人

香港金利来公司和一报社联合举办一次活动,奖品是金利来领带。活动结束后,负责发放礼品的一位记者把剩下的三条领带交还给了香港金利来公司。此事让金利来公司总裁曾宪梓先生感动不已。后来,金利来公司要在大陆组建分公司,在招聘经理时,总裁曾宪梓首先想到的就是那位记者。那位记者后来成了公司经理。

意大利诗人但丁曾说过这样一句话:"一个知识不全的人可以用道德去弥补,而一个道德不全的人却难以用知识去弥补。"小事往往能决定一个人的命运,而品德往往也就是在小事上体现出来。

理论模块

如果会计人员缺乏爱岗敬业的热情和态度,没有必要的职业技能和服务意识,则很难保证会计信息达到真实、完整的法定要求。很显然,会计职业道德有着很重要的辅助和补充作用。

在现实社会中,职业道德作为从业者的基本要求,无论什么样的职业人员,都应该具备良好的职业道德。会计人员的主要工作是按照国家法律法规及会计制度的规定提供会计信息,信息的质量影响着企业决策的正确性和相关利益分配。为了保证提供的会计信息质量,不仅需要制度进行规范约束,而且更需要会计人员具有较高的职业道德。会计相关法律法规及制度是对会计从业者的最低要求,会计职业道德是会计法律法规的重要补充,其作用是会计法律制度不能替代的。会计职业道德一般包括爱岗敬业、诚实守信、廉洁自律、客观公正、坚持准则、提高技能、参与管理、强化服务等八项,如果会计从业人员缺少爱岗敬业的态度,没有从事会计职业所需要的职业技能和服务意识,就很难保证会计信息的真实性。可见,会计职业道德起着重要的补充和辅助作用。会计职业道德与其他各种职业道德一样,是长期以来形成的,是与一定的历史阶段相联系的,但各个历史阶段的会计人员有着不同的职业道德。在社会主义现阶段的会计人员有着以下不同的职业道德。

一、爱岗敬业

(一)爱岗敬业的含义

爱岗就是会计人员热爱本职工作,安心本职岗位,在任何时候、任何场合下都要做到忠于职守、尽职尽责。敬业,就是从事会计职业的人员充分认识到会计工作在国民经济中的地位和作用,以从事会计工作为荣,敬重会计工作,认真地对待本职工作,将身心与本职工作融为一体,具有献身于会计工作的决心。爱岗敬业是爱岗与敬业的总称。爱岗和敬业,互为前提,相互支持,相辅相成。"爱岗"是"敬业"的基石,"敬业"是"爱岗"的升华,"敬"由"爱"生,"爱"由"敬"起。不爱岗就很难做到敬业,不敬业,奢谈爱岗只能是空话。

(二) 爱岗敬业的具体要求

正确认识会计职业,树立正确的会计职业观,只有正确地认识会计本质、会计工作的重要性,爱岗敬业才有坚实的思想基础。敬重会计职业,强化职业责任,无论是主动还是被动选择了会计职业,都应该热爱它、维护它、干好它。只有真正热爱会计工作,才能增强从事会计职业的光荣感和责任感,才能无条件地忠诚于会计事业。严肃认真,一丝不苟,会计工作是一项严肃细致的工作,对一些凭证、账簿、报表的填制和审核,必须严肃认真,把好关,守好口,不仅要求数字计算准确,手续清楚完备。要将严肃认真、一丝不苟的职业作风贯穿于会计工作的始终。忠于职守,尽职尽责,忠于职守主要表现为忠实于服务主体、忠实于社会公众、忠实于国家三个方面。在对单位(或雇主)的忠诚与社会公众利益发生冲突时,会计人员应选择符合更高社会正义的忠诚,维护社会公众利益。

二、诚实守信

(一) 诚实守信的含义

诚实守信就是忠诚老实,信守诺言。所谓诚实,是指言行跟内心思想一致,不弄虚作假、不欺上瞒下,做老实人、说老实话、办老实事。所谓守信,就是遵守自己所作出的承诺,讲信用,重信用,信守诺言,保守秘密。诚实侧重于对客观事实的反映真实,对自己内心的思想、情感的表达真实。守信侧重于对自己应承担,履行的责任和义务的忠实,毫无保留地实践自己的诺言。

(二) 诚实守信的具体要求

诚实守信是会计人员的立身之本。会计人员要以诚为本,实事求是,言行一致,表里如一,如实反映和披露单位经济业务事项,不弄虚作假,不欺上瞒下,尽量减少和避免各种失误,不为个人和小集团利益弄虚作假,伪造账目,损害国家和社会公众利益。不做假账,是指会计人员要按照会计法律、法规、规章的规定做好会计工作,保证会计凭证、会计账簿、财务会计报告等会计信息的质量。不做假账是会计人员最基本的职业道德。

会计人员因职业特点经常接触到的主要是单位和客户的一些商业秘密。会计人员不得将从业过程中所获得的信息为己所用,或者泄露给第三者以牟取私利。因此,保守秘密是会计职业道德规范的重要内容,也是会计人员维护国家、单位利益应尽的义务。单位内部会计人员如果泄露本单位的商业秘密,不仅会威胁单位利益,同时也会给会计人员本身造成不利影响。一方面,会计人员是单位的一员,泄露单位的商业秘密后会使单位利益受损,单位的损失最终将不同程度地反映到每位员工身上。另一方面,泄露单位的商业秘密是违法行为,一旦查出是要追究法律责任的,对个人会计职业的声誉也会产生负面影响,个人的利益也将会蒙受损失。

诚实守信,要求注册会计师在执业中始终保持应有的谨慎态度,根据自身的业务能力选择承担委托业务,不能为追求营业收入,而接受违背职业道德的附加条件,迎合客户的不正当要求,要严格按照独立审计准则和执业规范、程序实施审计,对审计中发现的违反国家统一会计制度及国家相关法律制度的经济业务事项,应当按照规定在审计报告中予以充分反映,维护职业信誉及客户和社会公众的合法权益。

三、廉洁自律

(一)廉洁自律的含义

不收受贿赂,不贪污钱财,就是廉洁。自律是指行为主体能够自我约束、自我规范。在会计职业中,自律包括两层含义:一是会计行业自律;二是会计人员的自律,即会计人员的自我约束。廉洁是自律的基础,而自律是廉洁的保证。

(二)廉洁自律的具体要求

正确的人生观和价值观是廉洁自律的思想基础。会计人员要廉洁自律,应以马克思主义、毛泽东思想、邓小平理论、"三个代表"重要思想为指导,树立正确的人生观和价值观,自觉抵制享乐主义、个人主义、拜金主义等错误的思想,彻底摒弃"金钱至上、金钱万能"的人生哲学,在不义之财面前不动心,决不利用手中权力贪占便宜。

廉洁奉公就是洁身自好,为公众谋事;不贪不占就是会计人员不贪、不占、不收礼、不同流合污。会计人员要正确认识自己手中的管理权是职业神圣权力的一种表现,决不能把这种职业权力作为谋取私利的筹码,不挪用、侵占单位钱财;要深刻认识自己管理的钱财是单位的钱财,决不允许任何人以任何方式浪费、侵吞单位财产。

《中华人民共和国会计法》赋予了会计人员职责和义务。会计人员不仅要遵纪守法,不违法乱纪、以权谋私,做到廉洁自律;而且要敢于、善于运用法律法规赋予的职业权利,尽职尽责,勇于承担职业责任,履行职业义务,保证廉洁自律。会计人员和会计组织只有首先做到自身廉洁,严格约束自己,才能要求别人廉洁,才能理直气壮地阻止或防止别人侵占集体利益,正确行使反映和监督的会计职责,保证各项经济活动正常进行。

四、客观公正

(一)客观公正的含义

客观是指按事物的本来面目去认识和反映事物,不夸大,不缩小。公正就是公平正直,不偏不倚,不掺杂个人的主观意愿,也不为他人意见所左右。客观是公正的基础,公正是客观的反映。客观公正要求会计人员对会计业务的处理,对会计政策和会计方法的选择,以及对财务会计报告的编制、披露和评价必须独立进行职业判断,做到客观、公平、理智、诚实。

(二)客观公正的具体要求

会计人员必须有实事求是的精神和客观公正的态度,一切从实际出发,注重调查研究,对会计资料和会计信息进行如实的反映、公正的鉴定,求得主观与客观一致,做到会计结论有理有据。有了正确的工作态度后,还要有扎实的理论功底和较高的专业技能。

会计人员在工作过程中必须遵守各种法律、法规、准则和制度,依照法律规定进行核算,做出客观的会计职业判断。客观公正应该贯穿于会计活动的整个过程。一是会计核算过程的客观公正,即指会计人员在具体进行职业判断或进行业务处理时,应保持客观公正的态度,实事求是、不偏不倚,既不违背事实,也不夸大或者缩小事实,不能为了个人或者小团体的利益而损害国家利益。二是最终结果公正,要求会计人员对经济业务的处理结果是公正的。会计核算过程的客观公正和最终结果的客观公正都是十分重要的,没有客观公正的会计核算过程作为前提,结果的客观公正性就难以保证;没有客观公正的结果,业务操作过程的客观公正就失去意义。

五、坚持准则

(一)坚持准则的含义

坚持准则,要求会计人员在处理业务过程中,严格按照会计法律制度办事,不为主观或他人意志左右。以会计准则为自己的行动指南,以会计法律法规为准绳,正确处理国家、集体和个人三者之间的利益关系,把好财务收支合法性、合理性的关口,依法理财。同时,要以会计准则作为与违法违纪现象做斗争的有力武器,通过树立会计准则的权威性来维护会计行业的信誉和会计人员的地位,确保经济活动的正常进行。

(二)坚持准则的具体要求

熟悉准则是遵循准则、坚持准则的前提。熟悉准则是指会计人员应了解和掌握《会计法》和国家统一的会计制度及与会计相关的规章制度。只有熟悉准则,才有可能提高会计人员的守法能力,这是做好会计工作的前提。熟悉准则,要求会计人员不仅要熟练掌握,正确领会会计法律法规、会计准则、会计制度,还应了解和熟悉与会计相关的经济法律制度。此外,还要熟悉本部门、本单位内部制定的管理制度,如内部控制制度、财务管理制度等,会计人员在不违反国家法律法规的前提下也应严格执行这些制度。

遵循准则即执行准则。"没有规矩,不成方圆"。准则是会计人员开展会计工作的外在标准和参照物。会计人员在业务处理过程中,必须严格依据规定行事,更不能根据职务高低、关系远近来确定执行准则的宽严松紧程度。会计人员不仅自己要自觉地严格遵守各项准则、自律在先,而且也要敢于要求他人遵守准则,使单位具体的经济业务事项和经济行为符合会计法律和国家统一的会计制度,避免违法违纪行为的发生。会计人员要及时学习、掌握准则的最新变化,了解本部门、本单位的实际情况,对实际经济生活中出现的新情况、新问题以及准则未涉及的经济业务或事项时,能够运用所掌握的会计专业理论和技能,做出客观的职业判断,准确地理解和执行准则。

在企业的经营活动中,当国家利益、集体利益与单位、部门以及个人利益发生冲突时,会计人员要以国家法律法规、制度准则为准绳,依法履行会计监督职责,发生道德冲突时,应坚持准则,对法律负责,对国家和社会公众负责,敢于同违反会计法律法规和财务制度的现象做斗争,确保会计信息的真实性和完整性。

六、提高技能

(一)提高技能的含义

提高技能,就是要求会计人员通过学习、培训、实践等途径,持续提高自身的会计理论水平、会计实务能力、职业判断能力、自动更新知识的能力、提供会计信息的能力、沟通交流能力以及职业经验等,以达到和维持足够的专业胜任的能力。

(二)提高技能的具体要求

会计人员要想生存和发展,就必须时刻保持紧迫感和危机意识,树立强烈的求知欲望和提高技能的意识,使自己的知识不断更新,保持持续的专业胜任能力、职业判断能力和交流沟通能力,提高会计专业技能,使自己立于不败之地。

勤学就是要勤奋学习。会计人员要不断地学习与探索,不断学习新的会计理论和新的准则制度,不断提高自己的业务水平、理论水平、操作技能和职业判断能力。

苦练就是要多操练。要理论联系实际,积极参加社会实践活动,在实践中锤炼提高会计业务的操作能力,把理性的东西和感性的东西结合起来,全面认识事物。

七、参与管理

（一）参与管理的含义

参与管理，就是间接参加管理活动，为管理者当参谋，为管理活动服务。会计人员在参与管理过程中并不直接从事管理活动，只是尽职尽责地履行会计职责，间接地从事管理活动或者说参与管理活动，为管理活动服务。会计人员要树立参与管理的意识，在做好本职工作的同时，积极主动地经常向上级领导反映经营活动的情况和存在的问题，提出合理化建议，协助领导决策，参与经营管理活动，不能只是消极被动地记账、算账、报账。

（二）参与管理的具体要求

会计人员应当努力钻研业务，使自己的知识和技能适应所从事工作的要求。只有具备娴熟的业务处理能力和精湛的技能，才能更好地参与管理，为改善经营管理、提高经济效益服务。会计人员应当熟悉并深刻领会财经法律、法规、规章和国家统一的会计制度，广泛宣传有关会计规章制度，充分利用掌握的会计信息去分析单位的管理，找出问题和薄弱环节，为单位管理决策提供专业支持。

全面熟悉服务对象的经营活动和业务流程，提高参与管理的针对性和有效性。会计人员应当熟悉本单位的生产经营、业务流程和管理情况，掌握单位的生产经营能力、技术设备条件、产品市场及资源状况等情况，结合财会工作的综合信息优势，积极参与预测，有针对性地拟定可行性方案，参与优化决策。对计划、预算的执行，要充分利用工作的优势，积极协助、参与监控，为改善单位内部管理、提高经济效益服务。

八、强化服务

（一）强化服务的含义

强化服务要求会计人员树立服务意识，提高服务质量，努力维护和提升会计职业的良好社会形象。

（二）强化服务的具体要求

社会中的各行各业，都是为人民服务。每个职业的劳动者既是服务者又是被服务者。会计人员要树立强烈的服务意识，摆正服务的位置，管好钱，管好账，更好地参与管理，不断提高会计职业的声誉。

强化服务的关键是提高服务质量。强化单位会计人员的服务就是真实、客观地记账、算账和报账，积极主动地向上级领导反映经营活动情况和存在的问题，提出合理化建议，协助领导决策，参与经营管理活动。注册会计师（或会计师事务所）强化服务的内容就是以客观、公正的态度正确评价委托单位的经济财务状况，为社会公众及信息使用者服务。

质量上乘，并非无原则地满足服务主体的需要，而是在坚持原则、坚持会计准则的基础上尽量满足用户或服务主体的需要。服务不仅要文明，还要讲质量，更要不断开拓创新，利用会计数据、会计信息，满足不同对象的需要。

在会计日常工作中，会计人员常常会遇到一些处理起来感到"两难"的事情，坚持按会计制度办事会得罪同事和领导，反之，又会使工作丧失原则，使制度形同虚设。所谓会计职业道德，就是会计人员在会计工作中应具备的道德品质，是会计人员在其特定的工作中应该遵守的各种行为规范的总和。它是一般社会道德在其工作中的特殊要求，同时带有明显的行业特征，是对会计工作实践中具有全局意义的基本道德关系的概括与反映。《会计法》第39条明确规定"会计人员应当遵守职业道德，提高业务素质"。在社会主义市场经济条件下，加强会计人员职业道德建设，对于更好地服务社会主义市场经济建设，处理工作中遇到的"两难"情况，提高会计工作质量和会计人员的整体素质有着重要的意义。

1993年，南非摄影师凯文·卡特去遍地饿殍的苏丹拍摄。他在一个灌木丛中发现了一个正在艰难爬向食品发放中心的小女孩。据凯文·卡特后来回忆，正当他蹲下来拍照时，一只秃鹫落在镜头前。他在那儿选好角度静静地等待了20分钟，尽可能不让秃鹫受惊，期待它展开翅膀。拍完照片后，卡特赶走了秃鹫，注视着小女孩继续蹒跚而行。然后他坐在树下，点燃一支烟，念着上帝的名字放声痛哭。

这张照片在《纽约时报》发表后激起强烈反响,一方面引起了国际舆论对苏丹饥荒和内乱的关注,另一方面不少人谴责卡特残忍,没有放下相机去救小女孩。凭借这张照片获得1994年普利策奖后两个月,凯文·卡特自杀,终年33岁。他在临终遗言中说:"真的,真的对不起大家,生活的痛苦远远超过了欢乐的程度。"

会计工作具有与其他工作不通的性质、特点和要求,有自己专门的业务。由于会计工作职能的特殊性,会计人员既是本单位的会计核算和管理人员,又是国家财政制度、财经纪律的执行者和维护者,他们既要对本单位负责,又要对国家负责。长期以来,由于某些原因,社会对会计工作不够重视,在各种有关道德问题的论著中,尤为显得明显,这不利于建立一支有理想、守纪律、有道德的会计队伍。

会计的职业道德就是会计人员在会计工作中要遵守的行为规范或行为准则。会计的职业道德,不仅是衡量会计人员道德品质的准绳,同时也是衡量一个会计工作者工作好坏的标准。一个好的会计工作者,不仅应当具有较强的业务能力,而且更应当具备会计人员所应当具有的职业道德。职业道德在规范会计人员的行为,维护财经纪律等方面都起着重要的作用。

概括地说,会计职业道德有以下三点功能:会计职业道德的认识功能。会计职业道德不仅有较之政治和法规更为广泛地反映社会复杂的特殊功能,而且教育会计人员认识自己对国家、对企业应负的责任和应尽的义务,教导人们认识社会道德生活的规律和原则。良好的职业道德行为是人们学习和模仿的榜样,只有用职业道德评价、道德榜样、职业道德理想等方式方法不断教育会计人员,才能树立起正确的义务、荣誉、正义感等观点,从而达到提高职业道德素质的目的。会计职业道德的调节功能。在实际财会工作的具体运作中,涉及方方面面、矛盾较多,这就需要用道德予以调节和干预,从而正确处理个人与他人、个人与集体、个人与社会的关系,主要通过舆论褒贬、群众监督、自己内省、传统习惯、内心信念等力量来维持,达到人伦关系和社会各方面关系的协调、完善和正常发展。

从会计职业关系的角度来看,会计目标是为会计关系中的每个服务对象提供有用的会计信息。能否及时、准确地为这些服务对象提供可靠的会计信息,取决于会计人员能否严格遵守职业规范。会计职业如果故意或无意地提供不可靠的会计信息,就会偏离会计目标,造成会计信息失真,使服务对象做出错误的决策,甚至导致社会经济混乱。因此,会计职业道德是实现会计目标的重要保证。

随着社会的发展和进步,对会计人员的职业素质要求越来越高。会计职业道德是会计人员素质的重要体现。一个高素质的会计人员应该做到爱岗敬业,提高专业技能,这既是会计职业道德的主要内容,也是会计人员从事会计活动的保证。倡导会计职业道德,加强会计职业道德教育,结合会计职业活动,引导会计人员进一步加强自我修养,提高专业胜任能力,有利于促进会计人员职业素质的不断提高。

实训模块

【实训一】　生存选择

【实训目的】　评价自己的价值观。

【实训时间】　10 分钟左右。

【活动准备】　答题表格一人一份。

【活动简介】　地球上爆发了核战争,人类即将灭亡。这时,一位科学家发明了一个核保护装置,谁进入谁就能生存下去。现在有 10 个人,但这个装置只能容纳 7 个人。请你决定谁应该活下去,为什么?并排出先后顺序。人物情况:1. 小学教师;2. 怀孕的妇女;3. 足球运动员;4. 12 岁的孩子;5. 优秀的警察;6. 著名的作家;7. 外科医生;8. 年长的和尚;9. 明星;10. 一位生病的老人。

选择的人物	选择的理由
1.	
2.	
3.	
4.	
5.	
6.	
7.	

【活动分享】　10 个人物的象征意义为:1. 小学教师——知识;2. 怀孕的妇

女——生命;3. 足球运动员——运动;4. 12 岁的孩子——未来;5. 优秀的警察——秩序;6. 著名的作家——文化;7. 外科医生——健康;8. 年长的和尚——信仰;9. 明星——娱乐;10. 一位生病的老人——道德。

【实训二】 价值观拍卖

【实训目的】 澄清自己的价值观。

【实训时间】 20 分钟。

【实训操作】 20 人一组。

【实训简介】

1. 教师先制作价值观项目表(如附表),准备总金额为一万元的假纸钞,面额为 5 000 元、2 000 元、1 000 元及 500 元(亦可为其他面值,只是单位愈小,所花时间愈多),张数不限,但总金额须为一万元。

2. 如果一万元代表人的一生之所有时间及精力,他会花多少钱来买价值观项目表的那些项目?教师计时五分钟,让学生于价值观项目表上进行估算。

3. 教师的身份转成银行,担任拍卖的工作(拍卖工作亦可让学生轮流担任)。教师说明拍卖规则(如可不可向银行借款或可不可以将买到的物品转卖……)。

4. 拍卖完毕可让学生分组讨论,或于班级里分享自己在此活动中的心得。教师说明价值观对个人的发展与人际关系有极大的影响。因此,认清自己的价值观,可增强自己对人、事的辨别与决策能力。而此活动亦可看到个人是属于敏锐果断、眼明手快或是属于优柔寡断、犹疑不决的个性。

【总结分享】

1. 你是否买到自己认为最重要的价值观项目?如果是,买到时的心情如何?

2. 如果不是,则因何故没有买到?没有买到的心情如何?

3. 你最想买的项目是什么?其背后隐含的价值观为何?为什么它对你而言那么重要?

4. 有些人都没有买到,为什么?参与拍卖活动时,你的心态如何?

附表

价值观项目表

拍卖物品	底 价
1. 有一个幸福美满的家庭	1 000 元
2. 财富	500 元
3. 长寿而无病痛	1 000 元
4. 有一些知己的朋友	1 000 元
5. 身材好	500 元
6. 找到一份适合自己又可发挥专长的工作	500 元
7. 美貌	500 元
8. 自由	500 元
9. 他人的称赞	500 元
10. 欢乐	500 元
11. 谈一次最完美的恋爱	1 000 元
12. 掌握一门精湛的技艺	500 元
13. 诚实	1 000 元
14. 爱心	1 000 元
15. 威望	500 元

【实训三】 红与黑

【实训目的】 团体活动中的诚信训练。

【实训准备】 6~10 人一组,纸、笔。

【实训时间】 20 分钟。

【实训简介】

1. 目的。一组与二组分别为队 A、队 B,通过合作获得高分。

2. 过程。每轮每队有两种选择——红色或黑色卡片,由工作人员了解各队每轮的选择并告知各队计分标准,各队可根据讨论结果对每轮的卡片进行选择。

3. 沟通。两队在第四轮选择后,征得双方同意,可进行第一次沟通,双方各派一名代表外出面谈,面谈时间为一分钟;两队在第八轮选择后,双方再次进行沟通,面谈时间为一分钟。两队除按上述规则可召集的面谈外,禁止其他沟通。

4. 得分计算:

(1) 队 A、队 B 均选红色,各得 1 分;队 A、队 B 均选黑色,各减 1 分;

(2) 其中有一队选红色、另一队选黑色,选红色的队伍减 3 分,选黑色的队伍加 3 分。

【总结分享】 让学生分享在游戏的过程中发现的相关感想,并做出评价,再由老师对学生的想法进行点评。

【实训四】 规则的意义

【实训目的】 规则意识训练。

【实训准备】 8~10 人一组,讨论分析。

【实训时间】 20 分钟。

【实训材料】 有一个火车轨道,由于道路改道,原来的铁轨不用了,新的路轨建好并通车了。在新修建的路旁,树了一块牌子,上面写着"严禁在此轨道玩耍"。有几个学生放学后来到了这里,有一个学生看到牌子的警告语后,他就跑到了原来的旧轨道上去玩,而其他三个学生虽然看到那块牌子,但他们不理会,仍旧跑到新修建的轨道上去玩。这时突然一辆火车疾驰而来,速度太快,学生们已经来不及从轨道上离开。假定这两个岔道口中间有个控制装置,可以决定火车往哪个方向开,既可以沿着新的轨道也可以沿着原来的旧轨道开。

【总结分享】

1. 如果你是控制员,你会把火车调到哪个方向?是原来的旧轨道还是新的轨道?为什么?说说你此时的心情。

2. 如果你是下面那三个在新轨道上玩耍的学生之一,你希望控制员把火车调到哪个方向?为什么?说说你此时的心情。

3. 如果你是上面那个在旧轨道上玩耍的学生,你希望控制员把火车调到哪个方向?为什么?说说你此时的心情。

【实训五】 集思广益

【实训目的】 服务意识训练。

【实训准备】 6～10人一组,一些信封和一些白纸。

【实训时间】 20分钟。

【实训简介】

1. 将信封和白纸发给每一位学生。

2. 每位同学在事先准备好的白纸上写下自己最头痛、最想解决的问题(如学习问题、交往中的问题等,通过描述,自己脑中对问题有个明确的概念),然后把这张纸装在准备好的信封里。

3. 以小组为单位,把每个小组同学的"求助信"在全班范围内"漂流",每位同学负责对"漂流"到自己手里的"求助信"献策,并在策略末尾写上自己的名字(如果不愿意留下自己的名字,可以不留),最后"物归原主"。每人不必拘于只献一计。

4. 全班内把自己收获到的"计策"进行交流。

5. 请向为自己提供可行又有效方法的同学表示你的感谢。走过去,握手并说"谢谢你"(或者用你自己的方式表达)。

【实训六】 会计诚信与会计职业道德

【实训目的】 了解会计诚信与会计职业道德在会计活动中的作用。

【实训资料】 《孟子》言"诚者,天之道也;思诚者,人之道也"。

《中庸》说"为天下之至诚,谓能经纶天下之大经,立天下之大本,知天地之化育"。

会计宗师潘绪纶说:"孔子有言:去食去衣,无信不立,则国以立信为建国之首务矣。若退而言会计,以立信为首要。"

【总结分享】 请谈谈你对上述材料的理解,分析会计诚信与会计职业道德在会计活动中的作用。

思考题

1. 谈谈你对会计职业道德的理解?

2. 作为会计相关专业的大学生如何从自身做起塑造会计品德?

书籍推荐

1.《诚信的种子》(作者:保罗·詹森),本书对于涉及企业和个人生存问题的"诚信"原则做出了充分地阐释,旨在帮助企业分发"诚信的种子",传递"诚信"的内涵,明确"诚信"的意义。

2.《带着爱去工作》(作者:王育琨),人生的一大半时间是在工作中度过的,工作不仅是养家糊口、解决生存问题的必要手段,也是实现自我价值,创造社会财富的重要途径。

3.《方与圆》(作者:丁远峙),本书分别从做人、处世、社交和办事的各个侧面,具体地介绍了方直立身、圆融做人、圆中见方、明圆暗方、求方顺圆的做人、处世技巧。全书理论联系实际,案例精彩纷呈,妙招层出不穷,既充满趣味又发人深省。

扫码,查看更多

项目十一　会计就业心理篇

名人名言

> 过程越是按社会的规模进行,越是失去纯粹个人的性质,作为对过程的控制和观念总结的簿记就越是必要。
>
> ——马克思

案例导入

告别大学,谁的职场不委屈

01

从大学毕业,到步入职场,对于应届生们而言,这一年的夏天是别样的体验。第一次,在高温天气里挤着公交和地铁,带着浑身的热气钻进办公楼里;第一次,在暴雨的天气里也要撑着伞小心翼翼前行,一边感叹着雨水,一边小心不让自己的鞋子被打湿;第一次,睡过头、闹钟没响、路上堵车、公交脱班等等,都不足以成为理直气壮的借口……

这就是职场,不讲道理,只讲能力和态度。没有宽容,只有做得到和必须做到。

它看起来残酷,但是很多年轻人饱含热情、跃跃欲试。

因为大学生活虽然自由自在,可是没有钱,没有地位,工作之后至少有了固定的经济来源,至少也算是一个社会人了,至少可以不那么迷茫。醒过来之后知道自己该洗漱出门上班,打开电脑之后知道自己一天的工作……

但是,现实真的有你想得那么完美吗?你在大学的那些"病",真的一进办公室就药到病除吗?

事实上,从大学到职场,蜕变这件事从来都不是那么简单的,你必须先经历失落、委屈、压抑、迷茫等种种负面情绪,然后才能看透真相,到那时,能不能再站起来重新抖擞地前进,就得看个人了。

02

在今年五月左右,有一个亲戚家的孩子因为临近大学毕业还没有找到工作,所以家人让他来找我取取经。这个年轻人非常热情,刚加我微信就发来了一个又一个问题。比如——

北上广哪座城市发展更好?

国企和世界五百强企业哪一种选择更有前途?

什么样的岗位更加轻松又赚钱?

只有一张会计从业证,没有学过 ACCA、没有考过英语六级,怎么去面试更容易被接纳?

此类种种,让我一时间说不出话来。这些问题就像是要向一个高考成绩连本科线都没过的学子分析他该去清华还是北大。末了,我只能和他说一句:"你要么收拾包袱回家去,要么自己拿着简历把上面每一家都试过去,到时候你就知道了。"

一个月后,我听他的家人说,他背着包袱回到了老家,找了当地一家挺大的私企做了会计。再看他的朋友圈,也从当初的异想天开变得更加脚踏实地,尤其近日他工作满了一个月,发了一个状态,称自己当初不知天高地厚,在大城市面试碰壁感觉被折辱,可是事实上现在工作一个月才明白原来职场没那么好混,再看曾经的自己真是个傻子。

03

你呢?在进入职场之后,是否也发现当初以为精明、优秀的自己,根本就是个白痴?

还记得我大学刚毕业入职的时候,有一个和我同级的"前辈"总是指使我做这做那。一开始的几天我还挺服从,可是随后发现她大专、我本科,她的专业水平也不如我,凭什么我非要听她的不可?

将这样的抱怨说给大学老师听的时候,她很淡定地问了我几个问题——

"她的工作年限比你长多了吧?"我点点头。

"她在办公室里比你更受欢迎,更有存在感吧?"我继续点头。

"她知道公司的各种流程,甚至和前台关系也良好,在各个部门都有自己的人脉,甚至了解领导喝茶、喝咖啡的口味,远胜于你,是不是?"我点了点头,接着沉默了。

当我们还在用学历、专业来评价自己的同事的时候,职场已经用其复杂的判断标准给了我们当头一棒。

在这个成人的"野外生存游戏"里,从来没有高才生豁免权或者低学历无发展的区别待遇,在这里,一切凭自己的综合实力说话。

后来,我跟着这位前辈,尽心尽力完成她的指示,确实比别人更快融入了办公室氛围,也更快对工作上手。在此期间,我发现那些看起来其貌不扬的同事,其实各个都有我比不上的优势,如果我始终以大学里的判断标准看待他们,恐怕将永远无法发现这个职场的真相,虽不至于被淘汰,但一定不如眼下的发展。

04

如果说我幸好有大学老师的一番教诲,那么我的闺蜜 Susie 就是自己跌跌撞撞后才长的智慧。

她在某家体制内单位做着不在编的会计,周围虽然有大爷大妈,但是也有几个只比她年长几岁的前辈。闺蜜入职之后没多久,就和她们成了关系不错的朋友,上班时聊天,休息时逛街,一起吐槽工作,一起吐槽领导,她们无话不谈。

可是没有多久,闺蜜在那些朋友面前说的老板的坏话就传到了当事人的耳中,接着那领导就给她穿小鞋,苦差事都给她,还找理由扣工资,闺蜜苦不堪言,却无从反击,最后只能跳槽去了另一家公司,从头开始。

吃一堑长一智,不再与谁都套近乎,每天和同事保持基本的距离,友善却不讨好,也从不在外说公司或领导、同事的坏话。下班后彼此不联络,反而静下心来去报了个会计网校的 CPA 课程,把时间都用在了自我提升上,这种沉静和能力的提升,让她得到了领导和同事的好评,总算是发展顺遂了。

05

职场里的大事小事,总有那么几件会让你感觉受了委屈。但是正如那句被用烂的话一样——"谁的职场不委屈?"生活本来就是不如意,你又何必一再放大自己的情绪?也许校园里还有老师安慰你、劝导你,可是在职场全都要靠自己疏导、改变。把目光放得长远一些,你会发现这种委屈都是你成长的垫脚石,是指路的灯。

——摘自《中华会计网校》

理论模块

社会心理学认为,社会犹如一个大舞台,每个人都在这个舞台上扮演着一个或者数个社会角色。会计也是一种社会角色,职业角色和管理角色。会计角色时有各种不同会计岗位组成的一个有机整体,于是就有个"角色差"和角色互补的心理作用问题,如出纳、会计具有与"顾客"打交道多的特点,显现出的礼仪和社交心理必然要浓一些,而核算会计冠有"账房先生"的雅号,工作中的抽象思维自然多一些;主管会计、会计部门领导想事的方法和视野则表现得全面和开拓一些。正是因为这些会计工作的分工不同,也才有了财务人员工作目的的不同,薪酬待遇的不同和心理状况的不同。这也是导致大学生在寻找会计工作上存在差异的根本原因。

一、会计专业的大学生就业趋向

会计专业不同于其他专业,是一个靠经验吃饭的行业,它学的是一门技术,所以多数大学生的选择是尽快就业,积累工作经验。调查研究,70%会计类大学生毕业之后选择就业,他们认为即使是考研,毕业之后也要面临就业的压力,不如提前就业积累工作经验,而且针对会计这个职业来说工作经验比较重要。只有30%的会计类大学生选择继续深造——考研,他们认为学历证书是以后走上社会的敲门砖。

近几年的会计类毕业生就业大体来讲主要有以下几个方向：

（1）进入效益比较好的国企或外企。这往往是专业知识掌握不错，又比较愿意适应较为忙碌的生活的毕业生的选择。

（2）进入会计师事务所，这是专业知识掌握得很熟练，并且又感觉能适应经常出差加班的工作的毕业生的选择。

（3）做公务员，这是那些从小就有治国理想的同学的选择。

（4）做高校教师。教师每年带薪假期长，可享受稳定的福利待遇。

另一项调查显示，现在60％的会计类大学生在校期间都在努力考取注册会计师资格证书。

二、当前会计专业大学生就业心理状况

大学生的求职择业心理千姿百态，大体上有以下几种。

（一）功利心理和求名心理

这两种心理在大学生中尤为突出。当今有些大学生的择业动机不再是为国家、为社会、为人民做贡献，而更多的是为了获取高收入、高地位。有些大学生并不了解某些职业的内在要求或根本不知道自己能否胜任某些工作，单纯追求"名望高、名誉好"的单位。

（二）安全心理

在选择职业时有些人往往从职业的稳定性出发而选择那些全民所有制的企业单位，甚至是有些家长要求孩子不要冒什么奉献去赚大钱，有份稳定工作就可以。

（三）求闲心理和求便心理

有些大学生在求职择业中追求舒适、清闲的心态，有些追求离家近或生活便利。由于事业与家庭、工作与生活常常有许多矛盾，造成许多不便，从而在择业时产生了这些心理。

（四）竞争心理

竞争心理与安全、求闲和求便心理形成对比。有些大学生本来已经找到了收入稳定且待遇高的工作，但是却不满足于一成不变，整天清闲无所作为，他们更愿意参与各种竞争，情愿快节奏、高效率地干，并希望工作之余能自由自在地享受。

（五）从众心理

一些大学生在求职现场寻找热门职业，报考的人数越多，她们对那些职业的渴求越大。求职择业是一项严肃郑重的大事，一定要认真考虑，谨慎从自身实际出发，决不能"跟着感觉走"，盲目从众。

（六）奉献心理

这是一种良好的择业心理。凡是拥有这样心理的人，大多是树立了正确世界观、人生观、价值观以及择业观的人。只有拥有这样心理的大学生，才能为社会、为国家奉献自己的力量。

三、当前会计从业人员心理分析

国内会计行业按工作性质可分为三种：第一种是"做会计的"，即从事会计核算、会计信息披露的狭义上的会计人员，全国大约有1 200万人；第二种是"查会计的"，包括注册会计师、政府和企事业单位审计部门的审计人员、资产清算评估人员，2016年全国大约有12万名注册会计师以及为数不少的单位内部审计人员；第三种是"管会计的"，也就是总会计师，又称"CFO"，全国大约有3万人左右。现在的就业状况是初级会计人才供大于求，而中高级会计人才成为抢手货。

下列资料显示的是各种会计从业心理所占的比例：

（1）技术专长。某些人选择财会专业，是由于财会职业是有一定专业性和技术性，这样有利于工作的稳定，以免今后有失业之忧。（35％）

（2）权利。某些会计人员之所以选择会计专业，主要目的是会计人员具有一定的财权。（17.22％）

（3）物质报酬。（16.11%）

（4）特长及兴趣对口。（12.78%）

（5）职业社会声望。（7.22%）

（6）工作的自由度。（5%）

（7）其他。（6.67%）

由此可见,真正是通过真才实学融入会计工作中,并打算当作长久职业规划的会计人,仅仅只占35%。那么,剩余的65%呢?

四、会计就业心理的科学选择

（一）客观地认识自己是否适合从事财会工作

认识自己的才能、个性是否适合从事财会工作。有的人性格不适于从事财会工作,但偏要在这方面钻牛角尖,他们在与外界的对立冲突中遇到了强烈的挑战,出现了各种观念的冲撞,就业意愿随即发生了变化,从而不热心财会事业,工作马马虎虎,得过且过。各个人的才能是不同的,有所长就会有所短,所以,必须正确地估量自己。如果一个人缺乏财会方面的素质和才能,或其性格不适宜从事这一职业,就应选择自己擅长的职业,这样才能很好地发挥自己的才能而获得成功。

（二）重视会计职业岗位的转换

一个人一旦选择了财会职业,就要专心致志地力争在这方面做出成绩,有所作为,不专攻,什么事情也搞不好。然而,在很多情况下,某些事情往往并不是光凭人们的一厢情愿就能办到的,造成会计岗位在转换的原因是多方面的:会计职业往往并不是个人的兴趣所决定,起初可能是谋生的手段,后来才找到了所爱好的职业;或者,从事原来的专业,但表现平常,兴趣渐渐转移,而对会计专业表现了浓厚的兴趣和较深的潜力;有的人从事财会实际工作,由于工作需要或个人兴趣,又选择财会科研教学或会计（审计）事务所的工作;等等,这种对会计职业的第二次以及第三次选择或转换,是很正常的。总的来说,一方面,职业的多样性为人们提供了在选择的可能性;另一方面,在财会职业实践过程中,客观的需要和主观的意愿都可能使人们从一个工作岗位转移到另一岗位。

(三)会计职业选择应尽可使自身发展方向和潜能开发的有效统一

财会职业选择不可避免地受各种社会因素的影响,某些人择业标准是重实利,认为学好会计专业能在"沿海"、"三资"企业获得优厚报酬;有的则是为了发挥自己的才能;有的是趋于职业的稳定性;有的是对会计专业具有浓厚的兴趣。总之,在会计职业的选择上应尽可能与自身发展方向及其潜能开发做到有机结合,以避免不必要的人才潜能耗费,做到人尽其才。

实训模块

【实训一】 生涯面面观

【实训目的】 引导学生了解所学专业,启发对生涯的探索,协助学生对"职业"、"生涯"的认识,思考影响生涯发展的因素。

【实训时间】 40分钟左右。

【实训内容】

活动名称	活动目标	活动过程	活动时间	活动材料
暖身活动——猜猜我是谁	从他人的反馈中认识自己,并体会被人理解的感受	1. 给每位学生发一张纸,请写下3~5句描述自己的话,如"我是……"不写名字。写完后将纸折叠好,放在团体中央 2. 每人随机抽取一张,打开纸上的内容,让大家猜一猜这一张是谁写的。猜中的人要说理由 3. 引导学生发表自己猜中别人或被他人猜中的感受	5~10分钟	纸张、笔

活动名称	活动目标	活动过程	活动时间	活动材料
理想与专业	1. 引导学生了解所学的专业,思考理想与专业的距离 2. 启发学生对生涯探索的意识	1. 填写我的理想与专业 2. 分享与讨论	15 分钟	"我的理想与专业"、笔
生涯十字路口	1. 协助学生更加了解自己面对的生涯选择情况 2. 指引学生探索自我对生涯发展的影响	1. 给每位学生分发"生涯十字路口",要求认真填写 2. 学生分享,并讨论什么是最重要的影响因素 3. 由教师引出个人因素在生涯发展中的重要性	10 分钟	"生涯的十字路口"、笔
总结	1. 总结本次活动效果 2. 改进下次活动	1. 学生讨论,分享这次活动的感受和意义,讨论自我认识对生涯发展的重要性 2. 教师总结本次活动的内容和意义,预告下次活动内容	10 分钟	

附1:我的理想和专业

我的理想:

1. 小学三年级时:＿＿＿＿＿＿＿＿＿＿＿＿＿＿＿

＿＿＿＿＿＿＿＿＿＿＿＿＿＿＿＿＿＿＿＿＿＿＿＿＿＿

2. 初中一年级时:＿＿＿＿＿＿＿＿＿＿＿＿＿＿＿

＿＿＿＿＿＿＿＿＿＿＿＿＿＿＿＿＿＿＿＿＿＿＿＿＿＿

3. 高中一年级时:＿＿＿＿＿＿＿＿＿＿＿＿＿＿＿

＿＿＿＿＿＿＿＿＿＿＿＿＿＿＿＿＿＿＿＿＿＿＿＿＿＿

4. 现在：_____

_____

比较之后我发现：_____

_____

我的专业：_____

1. 我为什么要选择现在这个专业：_____

_____

2. 我对专业的了解情况是：_____

_____

3. 我的专业今后可以做：_____

_____

4. 如果有重新选择的机会,我会选择：_____

_____

启发：_____

_____

附2：生涯十字路口

下面列了很多可能影响你未来做生涯抉择的因素,请你仔细思考后,用 1 到 5 来表示它在你做决定时考虑的重要程度。

1——不太重要；5——非常重要。

```
┌─────────────────────────┐
│ 个人因素：               │
│ □ 兴趣                   │
│ □ 性向                   │
│ □ 学业成绩               │
│ □ 人格特质               │
│ □ 其他_____        │
└─────────────────────────┘

┌──────────────────┐          ┌────────────────────────┐
│ 家庭因素：       │          │ 环境因素：             │
│ □ 父母期望       │          │ □ 老师的意见及期望     │
│ □ 手足的意见     │    ?     │ □ 同学的选择           │
│ □ 家庭经济状况   │          │ □ 学校名声             │
│ □ 离家远近       │          │ □ 未来的出路及发展     │
│ □ 其他_____   │          │ □ 其他_____      │
└──────────────────┘          └────────────────────────┘

        ┌─────────────────────────┐
        │ 其他考虑因素：          │
        │                         │
        │                         │
        │                         │
        └─────────────────────────┘
```

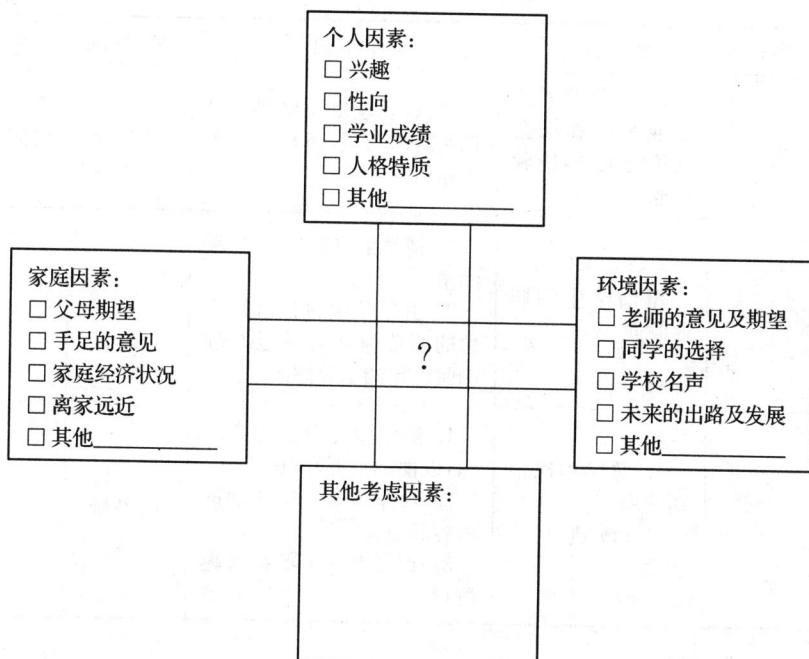

【实训二】　职业的世界

【实训目的】　协助学生了解如何选择职业；澄清学生的职业倾向。

【活动时间】　课堂 40 分钟，课外 30 分钟。

【活动内容】

活动名称	活动目标	活动过程	活动时间	活动材料
暖身活动——职业猜谜乐	1. 调动团体气氛 2. 促进主要活动的进行	教师说出与某一职业相关的三个成语，请学生猜测这指的是哪一种职业，如不辞辛苦、大街小巷、绿衣天使——邮差	10 分钟	

活动名称	活动目标	活动过程	活动时间	活动材料
职业辩论	促使学生了解职业兴趣和社会现状的关系,体验职业	辩题:职业生涯规划是以现实需求为本,还是从个人兴趣出发	30分钟	提前分组
我的职业倾向	澄清学生的职业倾向	1. 请学生完成《职业兴趣测量》 2. 引导学生讨论自己表象的职业倾向与通过心理测验得出的职业倾向	30分钟	
总结	1. 总结本次活动效果 2. 改进下次活动	1. 给学生充分的思考时间,以便学生更好地反思 2. 教师总结本次活动的内容和意义 3. 课外作业:职业兴趣测量	10分钟	

附:职业猜谜乐

红色警戒、十万火急、水深火热——消防人员

眼疾手快、健步如飞、超越巅峰——运动健将

博古通今、谆谆教诲、有教无类——老师

争先恐后、口齿清晰、独家新闻——记者

抬头挺胸、出生入死、投笔从戎——军人

辩才无碍、口若悬河、起死回生——律师

千变万化、未卜先知、谈天论地——气象播报员

【实训三】　模拟面试

【实训目的】　面对大学生就业的严峻形势和人才市场的激烈竞争,通过模拟面试,积累临场经验,提高应变能力,加强心理素质训练。

【活动时间】　40分钟左右。

【活动准备】　全班分为两组,一组担任招聘公司,准备公司招聘启事及问题

清单,5 名学生担任主考官,1 名学生主持招聘会,提前在黑板上公示招聘要求。另外一组同学担任面试者。

【活动过程】

1. 面试官发布招聘信息。

2. 面试者结合招聘要求,有选择地进行面试。

3. 考官提问,面试者回头。

4. 观看学生点评。

5. 老师点评。

每位面试者用时不超过 10 分钟。

附:模拟面试岗位

1. 上海富达物资有限公司,职位:会计、出纳、成本核算员。

2. 上海大众汽车有限公司淮安分公司,职位:营销企划、项目管理。

3. 南京银行,职位:综合柜员。

4. 江苏电信淮安分公司,职位:客户经理。

【实训四】　优势取舍

【实训目的】 认识自己身上的最重要的五种优势,通过对留与舍的决定,让学生更加深刻地认识自己的优势,在交流分享中,彼此启发,相互学习,在未来的就业过程中,更能自信地运用自己的优势。

【实训时间】 15 分钟。

【活动内容】

1. 写下五个优势。请同学们写出自己认为最重要最引以为豪的五种品质。与小组的同学进行交流,告诉大家你写了什么,并说明理由。其他同学也相互交流一下,对你所写的优势有何评价。结合同学的评价,进行确定或者修改。

2. 删除一个优势。请同学们认真思考,删去一个优势,并想清楚为什么要去掉这个优势,与小组同学分享交流。

3. 删除第二个优势。现在,你身上只拥有三样最宝贵的东西了,但随着时间的逝去,它们仍要离我们而去,请大家认真思考,再划去一样优势。

4. 删除第三个优势。同样的原因,因为各种原因,请认真思考再删去一样优势,保留最后两个优势,划去后意味着你将永远失去你的优势。

5. 删除第四个优势。游戏还在继续,请同学们做出最后的选择,从剩下的两个优势中,再划去一样。

6. 讨论:

(1) 请同学们在每次删除之后描述一下自己的心情。

(2) 你最后留下的是什么,说说你这样选择的理由。

(3) 在现在以及未来的就业过程中,你该如何对待你的优势。

书籍推荐

1.《让数字说话:审计,就这么简单》(作者:金十七),审计真的是那样枯燥无味吗? 作者以浅显易懂的语言、幽默诙谐的比喻和旁征博引的故事引领我们开启一段奇妙的阅读旅程。从审计的本源到审计结果,从审计的思考方法到工作底稿、风险控制,甚至会计科目,作者都有自己透彻的理解和独到的看法。如果你有兴趣认真阅读这本书,可以慢慢将它从头读到尾,理解其中的意思。如果你只打算看看热闹,可以快速把这本书翻完,只要你能将里面讲的那些故事及其表达的想法理解并记住,这本书你也就看了个七七八八。当然,你也可以把它当作一本工具书,在审计工作的时候,可以随时拿出来查一下每个科目要做哪些审计内容,基本上也可以把要做的科目的审计工作完成。

2.《公司财务原理》(作者:理查德·A. 布雷利,斯图尔特·C. 迈尔斯),这是一本公司财务理论和实务相结合的书籍,书中内容包括风险及风险管理、价值、资本预算的实务问题,财务计划与短期财务管理,公司兼并与治理等等。本书可以作为财会类专业学生的教材,又可以作为财会职场人床边案头的实务参考书,这本书语言诙谐有趣,是可以引人入胜的权威著作。

3.《小艾上班记：真账实操教你学会计》(作者：陈艳红)，本书既有手工账，又有电子账；既有创业经历，也有职场哲学、生活/爱情哲学穿插其中。本书在手把手教会读者做账、看账的同时，还让你在职场和生活中更加游刃有余！

扫码，查看更多

项目十二　会计心灵成长篇

名人名言

生命的全部的意义在于无穷地探索尚未知道的东西。

——左拉

故事导入

温水煮青蛙的故事

把青蛙放到一锅热水中,那青蛙遇到滚烫的热水,会立即跳出来,反应很快。但是把青蛙放到冷水中去,慢慢给水加温,刚开始你会发现青蛙很舒适地在水里游来游去。锅里水的温度在慢慢上升,青蛙感到暖洋洋的自得其乐,毫不察觉危险的临近。当锅里水的温度上升70～80度时,青蛙才意识到有威胁,奋力想跳出来,可是它的几条腿已经不灵敏,再也跳不起来,最后被煮死。

生于忧患、死于安乐。青蛙安于太舒适的环境就是最危险的时刻,人亦如此。每个人在自己的习惯化的思维方式、习惯化的处事方式、习惯化的生活方式中,如鱼得水,很有掌控感,很有安全感,很享受自己的舒适区。人生短暂,勇于走出舒适区,勇于创新,不断挑战旧有的模式,留下精彩的人生供回味,而不是遗憾此生没有尝试。在大系统环境中，要能觉察到趋势的小改变，要"停下来"，看看自己到底想要什么，尝试不一样的思维方式，不一样的生活方式，我本可以更优秀，遇见不一样的自己。即使失败，至少我努力过，此生无憾。

理论模块

John Augustus Shedd 说过："停在港湾的船是安全的，但这不是生而为船的意义。"人生百年，人生命的长度有限，但心灵成长的深度和广度无限。同学们已经适应了学校的作息制度，习惯了上课进教室，下课回宿舍，习惯了食堂的饭菜，习惯了与周围人之间的交往方式，感觉大学生活很安逸，听听课，看看书，拿到本专业学分，顺利毕业，也许家人帮忙找一份工作。有些人在大学的舒适区中，被磨掉了努力向上的斗志，失去了远大的理想和目标。

一、舒适区概述

舒适区理论是心理学概念，心理学研究指出，人类对于外部世界的认识可分为三个区域：舒适区（Comfort Zone）、学习区（Stretch Zone）和恐慌区（Stress Zone）。简单讲，舒适区是指活动和行为符合人们的常规模式，能最大限度地减少压力和风险的心理行为空间。在舒适区里，一切都是我们熟悉的、能掌控的，是安全的，就像躺在温暖的沙发里泡肥皂剧一样。停在心理舒适区本身并没有什么错，人们通常都在追求和希望自己可以保持很放松、很舒服的状态。但有时候我们发现，如果在舒适区久了，我们就会失去走出舒适区的勇气和方法，很可能被困在一个我们已经不想在其中的情形中无法走出来。比如，有的同学也希望自己变得像别人一样优秀，参加各种活动和竞赛，但怕失败会丢面子，还不如不参加，躲在自己的"壳里"最安全，于是大学生活碌碌无为。而学习区里面是我们很少接触甚至未曾涉足的领域，充满新鲜的事物，在这里可以充分地锻炼自我，挑战自我。比如，有的同学希望探索自己各方面的潜力，不断挑战自己，走出自己的舒适区，今天参加演讲比赛，明天参加专业技能挑战赛，也许演讲比赛没得奖，但对于腼腆的自己能站到演讲台上就是成功。试着走出舒适区，打破习惯,挖掘潜力,终有一天,你会像你想象的那么优秀,只要你愿意,一切皆有可能。当你勇敢地走出那一步,你会发现自己有多快乐。

二、走出舒适区的准备

走出舒适区的第一个准备就是设立一个新目标。成功者和失败者在面对新目标时的区别就是,成功者信心十足,心无旁骛地一路向前,而失败者却优柔寡断地裹足不前。有了新目标后,走出舒适区的准备如下:

第一,要有可操作的计划。大的目标都由每月、每天、每小时的小目标组成,把大的计划,具体到每天的小计划,才有可操作性。比如学生要考英语四级,把现在距离考试的日期计算好,在考前要记得四千个单词,除去已经掌握的,可能只有一千个左右的生词,具体到每个月记150个,具体到每天可能只要记5个左右,这样每天积累,每天进步一点点,就能收获完成计划的喜悦。

第二,要有积极的心态。当人在向目标奋进的过程中,从来都不是一帆风顺的,时而荆棘密布,时而柳暗花明,我们要保持积极的心态,乐观地面对一切。美好的生命过程,应该是充满感激、期待和惊喜的。走得最慢的人,只要他不丧失目标,也比漫无目的徘徊的人走得快。

第三,掌握正确的方法。磨刀不误切菜工,正确的方法是成功的关键,要想迅速地成长或者少走弯路,方法是至关重要的。

> 良好的方法,能使我们更好地运用天赋才能,而拙劣的方法则可能阻碍才能的发挥。
>
> ——贝尔特

三、如何走出舒适区

(一) 可以从小事做起,尝试不一样

比如,早上起床,你习惯的是先梳头,今天你就可以先刷牙后梳头;平时你习惯去哪个食堂,今天你就去另一个你不常去的食堂,或者去你常去的食堂,但今

天吃一个你没吃过的饭或菜,体验不一样。从小事做起,一点点尝试,改变有时会给你带来不一样的体验,让你充满好奇、兴奋,好奇和期待会给自己的生活带来新鲜感,增强你探索的欲望。当你习惯了小事的改变时,就可以试着改变自己的其他习惯,比如看书的习惯,也许你平时喜欢看一些杂志或口水书,你可以试着去看一些平时看不下去的书,哪怕就一天看几页也可以,慢慢地也许你就能看完一本很难啃的书了。这时你会发现,收获不一样的体验,原来我也可以。

(二)先确立一个合适的小目标

每个人都应该有梦想,把你的梦想分解,看要实现这个梦想,首先要具备一个什么样你不具备的品质,将这个品质作为你改变的一个小目标。比如你希望培养坚持的意志品质,你可以从每天坚持跑步做起,每天先养成固定时间去操场的习惯,也许跑坚持不了,先走两圈试试,再走和跑相结合,再到能跑两圈,坚持21 天试试,慢慢适应天天跑了,先体验自己坚持下来的实现的小目标,就能实现你的大目标。

(三)可以找个伴

世上最易做的事是坚持,最难做的事也是坚持。能成功走出舒适区,走向成功的人,都是心无旁骛坚持到底的人。当你想改变,怕自己坚持不了时,可以找个也想尝试走出舒适区的伴。比如,你想减肥,你找一个也想减肥的伴。你们一起制定计划,一起用餐,一起运动。当你想多吃一些时,你的伙伴会提醒你吃多了;当你不想坚持做运动时,你的伙伴会提醒你运动时间到了;当你灰心丧气时,你的伙伴会告诉你回头看看自己努力的成果⋯⋯当你面对不确定时,有个伴可以陪你一起面对不确定恐惧;当你想放弃时,有个伴可以鼓励你再坚持一下;两个人互相鼓励,互相监督,更能坚持到底。

古希腊哲学家苏格拉底有一天问他的学生们:“今天,咱们只做一件最简单、最容易的事情——你们每个人都把胳膊尽量地往前甩,然后再往后甩。”说着,苏格拉底亲自示范了一次,并问道:“从今天开始,每天做 100 下,可以吗?”

学生们一片笑声。这么简单的事,有谁做不到呢?过了一个月,苏格拉底问学生们:“每天坚持甩手 100 下,谁做到了?”结果 90% 的同学骄傲地举起了手。

又过了一个月,苏格拉底还是问了相同的问题,此时坚持下来的学生只剩下了一半。

一年之后,苏格拉底突然又问学生们:"请大家告诉我,还有谁在坚持做那个简单的甩手动作?"

这时,所有的学生中只有一个人举起了手——他就是柏拉图!

走出舒适区的关键点就是要汲取新经验,以可控的、易操作、易管理的方式达到最适度的焦虑状态,而不是给自己施加太大的压力。当你觉得累时,可以适时返回舒适区,梳理经验,总结教训,充实自己,为再次走出,挑战自己做好准备。

当我们决定走出舒适区,当新的目标和信念成为我们的向往和追求,平凡的我们也会变得不平凡! 新的目标是灯塔,是加油站,它激发我们调动全部的热情和聪明才智,意气风发地向前冲! 没有迷茫,没有杂念,只有头脑中对目标的美好憧憬和积极的行动。每天的坚持和一点点的进步,对于我们就是一种激励、一种乐趣和一种享受!

实训模块

【实训一】 生命线

【实训目的】

1. 引导学生去思考自己的人生轨迹和生命的意义与价值。

2. 引导学生反思自己人生的目标和追求,并最终提升自己的生命价值。

【实训准备】 和学生人数相应的纸、彩笔若干。

【实训时间】 20 分钟。

【实训操作】

1. 在纸上画一条线,在右侧标出箭头,这一条线代表你的生命线,起点代表你出生的时候,在终点写出你的预测死亡年龄。

2. 然后找出自己现在所处的位置。回忆过去发生在你生活中的事情,并将它们按时间顺序在生命线上列出来,根据感受,愉快的可以放线条上方,不愉快的可以放在线条下方。

3. 然后再想象未来想要做的事情及可能发生的事情,仍然按可能愉快或不愉快放在线条的上下方,然后仔细看看你的生命线,它就是你的心灵地图。

【总结与分享】

1. 面对生命线你想到了什么?

2. 它们给了你什么启示?

【实训二】　走出自己的"舒适区"

【实训目的】　体验改变习惯的感受及可能性。

【实训时间】　20分钟。

【实训程序】

1. 所有学生面向中心围成一圈。

2. 主持人邀请学生自然地十指交叉相扣约5秒;大家看自己十指相扣时哪个手的大拇指在上面。

3. 主持人再邀请各学生以相反的位置十指交叉相约扣5秒,感受和之前动作不同的地方,即原来在上面的大拇指这次要在下面。

4. 恢复垂手状态,主持人再邀请各学生随自己的习惯自然地绕手。

5. 主持人再邀请各学生以相反方向绕手,感受和之前动作不同的地方。

【总结与分享】

1. 第二次的十指相扣和绕手有什么感觉? 为什么有这种感觉? 改变习惯可能吗? 什么因素可协助改变?

2. 引导学生讨论如何改变不良习惯,走出自己的"舒适区"。

【实训三】　命运之牌

【实训目的】

1. 让学生学会接纳自己,懂得珍惜当下所拥有的资源,感知幸福。

2. 让学生懂得"命运掌握在自己手中"。

【实训时间】 30分钟。

【实训准备】 写有不同内容的小纸牌若干(纸牌内容附后)、轻音乐。

【实训程序】

1. 教师指导语:由于受到出生环境等各种因素的限制,每个人的情况是不同的。有的同学可能对自己的家庭环境不满意,有的同学可能对自己的长相不满意,也有的同学可能对目前的自己不满意……

假定每个人能够获得第二次生命,每个人的命运可以重新选择。我手中有很多纸牌,每张牌就是命运的一种重新安排,它所包含的资料就是你新的生活资料,从现在起,你就是牌上的这个人。设想一下你处在这种情况下的命运,现在看看自己目前的处境、位置与假设的第二次人生选择的处境相比,有什么不同?

2. 主持人把纸牌放在一个盒子里,让同学们随机抽取一张,不得更换。

3. 全班同学交流全新的"自己",并询问是否满意牌上的"自己"。生命只有一次,你该怎样面对已经拥有的生活?

注意:

1. 若有同学对自己抽取的纸牌不满意要求更换,教师可准备更差的纸牌,让图片显示比原牌更糟糕的生活,询问是否愿意更换。在游戏过程中,有的同学可能不太严肃认真,教师要及时给予提醒。

2. 对于纸牌的内容,这里只给出了一些参考。教师在使用时可根据学生的实际情况自己设计一些内容。之所以设计的内容大都是不尽人如意的,主要是想让学生意识到,虽然我们每个人都无法选择我们的出身、我们的家庭,或许我们对目前的环境不一定很满意,但无论如何,我们都应该珍惜自己的境遇。

3. 由于这个游戏的内容中有可能真的涉及学生的伤心处,如家庭离异的学生、身体外貌略有欠缺的学生,所以教师在游戏之前应该先跟一些同学座谈沟通,取得学生的同意。游戏之前,教师要强调为游戏可能会给学生带来的负面效应表示歉意。

【总结与分享】 引导学生分享自己拥有的资源,感知幸福。

附：纸牌的内容

1. 不幸患了癌症，家里没有钱治疗。

2. 因家中意外发生火灾，脸部被大火烧伤，留下了一个很难看的伤疤。

3. 家中父母离异，经济困难，读书条件很差。

4. 出生在一个贫困山区里，父母无力供养自己读书。

5. 父母不幸患有重病，治疗花费了很多钱，家庭经济紧张。

6. 父母下岗，家庭经济困难，不能支付目前的学习费用。

7. 与周围的同学人际关系很紧张，很不受大家的欢迎。

8. 患有小儿麻痹症，生活很不方便。

9. 小时候因中耳炎治疗不好而变聋。

10. 一家三口挤在一个 10 多平方米的老房子里，食宿条件比较艰苦。

11. 自己的一只眼睛因意外事故而失明。

12. 自己的一条腿因在一次车祸中受伤严重被截肢。

13. 在一个条件很差的普通高中读书。

14. 相貌普通，在班里不引人注意，学习等各方面都一般。

15. 学习成绩优秀，但人缘很差，不受老师和同学欢迎。

16. 妈妈对自己太唠叨，对自己管得太多，让自己不舒服。

17. 以前家里很富有，现在却因意外事故而陷入经济拮据状态。

18. 出生在一个普通的工人家庭。

19. 目前的学习成绩很差，经常被一些同学看不起。

20. 患有口吃，常被同学模仿而引起大家的嘲笑。

21. 因太胖，大家经常以此开涮，并且给自己起不太好听的绰号。

22. 身高低于同龄人平均身高 20 厘米。

23. 学习成绩在班级最后，努力用功后效果仍然不明显。

24. 除了学习外，其他业余爱好基本没有。

25. 是个塌鼻子，影响了容貌。

26. 患有先天性心脏病，很容易疲劳。

27. 在高一结束时取得全市物理竞赛一等奖。

28. 被评为十佳"校园明星"。

29. 出生在一个贫困山区的农民家庭里。

30. 家人去东南亚旅游时因海啸而不幸遇难。

31. 走路时因不小心而被车撞,头部严重受伤。

32. 父母对自己要求很严,很专制,自己很不自由。

33. 家庭经济条件好,但父母对自己缺乏关爱,不喜欢自己。

34. 经常受到别人的欺负,心里很忧郁。

【实训四】 我的优点你来说

【实训目的】

1. 学习发现别人的优点并加以欣赏,促进相互肯定与接纳。

2. 提升个人自信心。

3. 以积极的视角,认识他人。

【实训准备】 准备高帽一顶。

【实训时间】 30分钟。

【实训过程】

1. 8~10人一组围圈坐。

2. 请一位成员坐或站在团体中央,向大家介绍自己的姓名、个性、爱好等。

3. 其他人轮流根据自己对他(她)的了解及观察,说出他(她)的优点及欣赏之处(如性格、相貌、待人接物……),以"我欣赏你……"然后被欣赏的成员说出哪些优点是自己以前察觉的,哪些是没有被察觉的。每个成员到中央戴一次高帽。

【实训规则】

1. 必须说优点(我欣赏你……),双方要有目光交流和真诚回应。

2. 夸别人的优点时态度要真诚,不能毫无根据地吹捧,这样反而会伤害到别人。

3. 参加者要注意体验被人称赞时的感受如何;怎样用心去发现别人的长处;怎样做一个乐于欣赏他人的人。

【实训五】　学会感恩

【实训目的】

1. 引导学生感恩意识,学会感恩别人。

2. 感恩自己。

【实训时间】　10 分钟。

【实训准备】　背景音乐《感恩的心》。

【实训程序】

1. 两人一组,一人说,一人倾听,向对方说出感恩对自己有帮助的人,如父母、老师,交换角色。

2. 感恩伤害过自己的人或事。

3. 感恩自己。

【总结与分享】

1. 学生习惯感恩对自己有帮助的人,对感恩伤害自己的人,感恩自己可能一时不习惯,从积极的视角看问题。

2. 大家齐做或齐唱《感恩的心》手语操。

思考题

1. 我的人生理想是什么? 我想变成什么样的人?

2. 我要实现理想,我当下拥有的资源是什么? 我还缺什么素质和能力? 如何做到?

书籍推荐

1.《走出舒适区》(作者:北尚广),你尽力了,才有资格说自己运气不好。励志畅销佳作,激励万千年轻人提升自我的改变之书。

2.《愿你的青春不负梦想》(作者:俞敏洪),梦想导师俞敏洪写给千万年轻人的诚意励志新作！50 年心路历程、25 年创业思考、80 场演讲精华，与不甘平庸的你，谈谈如何度过不悔的青春，实现你心中的梦想。

3.《重塑自我：如何成为一个很幸福的人》(作者：[加]尼尔·帕斯理查)，与其彷徨不安，不如精确地走向强大和幸福。变得越好，越是不再轻易辜负和委屈自己。哈佛大学 MBA、沃尔玛高管、幸福能力培训家尼尔，采集心理学实验和数百名企业高管的幸福秘诀，汇集成书。

扫码，查看更多